順天樂命

阮大年口述歷史

口　　述———阮大年
採訪編撰———朱富國

校長序

翻轉教育先行者
文／國立陽明交通大學校長　林奇宏

　　四十多年前我還是醫學系學生時，就覺得阮大年校長是一位學養豐富的學者與官員，偶爾也會在電視上主持節目。去年9月，交大校友會在南港展覽館舉辦「大交通‧大未來」科技展暨國際論壇，開幕式上很驚喜見到阮大年校長本人，校長雖近八五高齡，仍精神矍鑠。那時他已接受圖書館邀請，展開密集口述歷史訪談；一年倏忽而過，阮大年校長的口述歷史《順天樂命》居然已進入排版階段，看到他精準掌握時程，精采訴說人生故事，時而幽默、自嘲，時而展現驚人的記憶力，不得不佩服阮校長是力行現代「無齡」生活的最佳典範。我趁著中秋假期閱讀這本書稿，很難停下來，因為每個章節都非常生動，節奏明快，吸引人繼續往下閱讀。本書有三處特別觸動我心，願與讀者分享。

　　一、阮校長與韓偉院長。韓偉是陽明創校首任院長，向為陽明人所敬重懷念。阮校長之所以放棄美國的高薪工作，返臺至中原大學任教，係因受到韓偉院長之感召。韓偉曾在中原設立臺灣第一個醫學工程系，連結理工和醫學領域；出任陽明醫學院院長

後，亟思擴大學校規模與專業領域。而阮大年於交大校長任內，也期望能增加醫學院，兩位前校長的夢想終於在 2021 年陽明、交大合校後實現了。能夠合校，也許是冥冥中自有因緣，而身為陽明交大首任校長，我常感任重道遠，唯有不斷精進校務，方不負社會期待。

二、阮校長以國家規格治理交大。阮大年校長於中原校長任期屆滿後進入教育部服務，擔任教育部政務次長，並於 1987 年擔任交通大學校長，是首位以非校友身分出任交大校長者，很佩服校長悉心調和內部與外界，並為交大注入新觀念與資源，開啟多項重大建設。除國家次微米實驗室於任內興建完工，阮校長亦積極籌設人文社會學院，及爭取浩然圖書資訊中心之規劃興建，今日校園內能有濃厚的人文氣息與大器明亮的圖書館，當飲水思源，感念阮校長當年的深謀遠見。

三、家庭溫暖和樂，猶如豐美葡萄樹。從阮校長書中，我們可看到他出身不凡，家世顯赫，家族中不乏革命先賢、司法院長、名建築師及企業主等，但阮校長並不看重外在有形的名利，反而將信仰擺第一，並以謙卑柔和的心待人。他也將家庭經營得幸福美滿，與夫人王少帆女士以愛傳家，如今已有子女孫輩十五人，如葡萄樹結實纍纍。我由衷祝福阮校長，無憂無慮享受含飴弄孫的退休生活，及充滿聖詩的教會生活，相信他的一生，永遠有恩惠慈愛相伴。

感謝阮校長與特約撰者朱富國先生，共同完成《順天樂命》這本書，不但見證時代，也爲社會留下美善價值，相信這本專書的出版，將對社會產生深遠影響。

最關鍵的一塊拼圖

文／國立陽明交通大學圖書館館長　黃明居

　　今日臺灣乃至於全球高科技產業得以飛速發展，國立交通大學在經營、管理、研究人才培育與尖端技術開發等領域，無疑扮演了極其重要並具影響性的關鍵角色。因此，國立交通大學的校史記錄研究工作，不啻亦為臺灣與全球科技發展歷程之溯源探本。2021 年，國立交通大學與國立陽明大學合校成立「國立陽明交通大學」，持續而系統性地梳理保存校史，既承襲融合兩校優良傳統，更具繼往開來的積極深遠意涵。

　　國立陽明交通大學圖書館校史特藏組，自 2018 年起執行「卸任校長口述歷史訪談專書計畫」，已陸續出版郭南宏與鄧啓福兩位前校長口述歷史專書，為國立交通大學在臺正式復校後近 20 年黃金高速發展期（1979-1998 年），詳實紀錄保存「校務發展總舵手們」的第一手觀點。而《順天樂命》一書的付梓，可謂補齊了此時期最關鍵的一塊歷史記憶拼圖。

　　阮大年校長任內致力深化博雅教育，擘畫人文社會學院發展

藍圖，並以國家級標準進行交大校園建設與景觀規劃，不僅爲「交大軍校」邁向綜合性頂尖大學的重要推手，其以宗教家情懷面對人生考驗的智慧與謙遜，同樣值得細思咀嚼與師法。從郭南宏校長奠基（任期 1978-1987 年）、阮大年校長轉型（任期 1987-1992 年）、鄧啓福校長揚發（任期 1992-1998 年），國立交通大學「黃金發展三部曲」看似曲終實而未盡，其中蘊含之典範精神，將永續激勵引領後人譜寫創造屬於陽明交大、臺灣和世界的新時代記憶。

黃明居

推薦序

成就 100 分的教育

文／國立臺中科技大學校長　陳同孝

　　人一生的旅程中，或多或少都會遇見一些人，各以不同的方式，為我們留下持久而深刻的感動或影響。對我個人而言，阮大年校長就是這樣一位前輩。我和阮校長的因緣始於交大，阮校長於 1987 接任交大校長時，我正開始攻讀碩博五年一貫學位，我的恩師李家同校長正是阮校長的老同學。回想起來當時的交大，正如阮校長所說的：「天時、地利與人和」，再加上阮校長「順天應人」的天人合一信仰下，引領交大迎向更全面與多元發展的綜合性大學時代。阮校長致力推動光復校區建設以及圖書館規劃，積極美化校園建築與景觀，並增加人文社會學院與藝術季，提升校園的美感，讓交大學子更有藝文素養與廣闊的視野。我在此基礎下，順利於 1992 年取得由阮校長頒發的交大博士學位證書。之後阮校長也順服上帝的引領，喜悅地回到我另一個母校：東海大學，繼續掌舵。

　　我與阮校長的第二次的因緣是在 2000 年，由臺中技術學院第一任校長：阮大年校長手中接獲教師聘書，進入學校服務。此

時正是阮校長積極推動臺中技術學院升格，引領學校蛻變爲臺中科技大學的準備時期。除學校增設日間部大學部四技、進修部二技與研究所之外，我記得阮校長非常鼓勵學校老師進修，取得博士學位，以優化學校博士級教授的師資結構，規劃與興建中商大樓，並導入博雅通識課程；不僅如此，阮校長也積極推動「臺中」大學合校的計畫，可惜在各校的本位主義問題之下，讓計畫有始而無終。但也感謝在阮校長的努力基礎下，才會有 2011 年臺中護專與臺中技術學院合併，成就「臺中科技大學」升格爲全國第一所合併成功的學校。

　　從交大學生到臺中技術學院教師的兩個時期，我均能感受到阮校長對臺灣高等教育的用心。阮校長「本於信以至於信」堅持的信仰、知人善任的做事原則，自由且擇善固執，及以「五個U」：做 Useful 有用的人、研發要更新 Update、Upgrade 超越自己，與別人 United 的團隊合作，最後要做 Unique 有特色的人生價值觀，非常值得我們學習。我感動於阮校長對大學校務的全心付出，成就 100 分的教育；也非常佩服阮校長的「80 分」主義，爲學須如金字塔的思維，更顯文人雅士的風範。在閱讀完阮校長《順天樂命》這本書後，我從書中得到非常多的啓發與感動，真心推薦給大家，一起來分享。

推薦序

智慧、憐憫與愛

文／國立臺中科技大學企業管理系副教授　周素娥

　　阮校長不僅是我大學時代的恩師，也是我成為臺中商專（今臺中科技大學前身）教師的貴人。他的人生故事和智慧啟發了我和許多人，我希望透過這本書，讓更多人認識他的傳奇一生。

　　我在中原理工學院國貿系就讀時，阮校長是我們的校長。那時候，學校非常重視學生的全人發展，鼓勵我們參加各種社團活動和探索宗教哲學。我也在大二那年，受洗成為基督徒，這是我人生中最重要的決定。雖然平時與阮校長沒有機會近距離接觸，但他每次在全校升旗集會上的話語都深深印在我心中。他不只關心學生學業，也關心學生身心健康和價值觀。有一次，教官在臺上批評男同學留長髮不符合規定，阮校長接著說了一句好笑好記又寓意深遠的話：「頭皮下的比頭皮上的更重要。」他用幽默的方式提醒我們要重視內在修養和品格，而不是外表的形象。我畢業那天，因成績優異獲畢業生代表榮譽，得以上臺自阮校長手中領憑，校長也親自為我撥穗。這是我人生中最難忘的時刻之一。

畢業後我在中原理工學院擔任兩年助教，接著赴美深造。1994 年取得博士學位後，回到中原大學任教。1998 年我的丈夫任職臺中市的中國醫藥學院，為方便照顧四個孩子（其中么兒為特殊兒童），我決定跟著丈夫搬到臺中，在當地找工作；這時候，神給了我一個意想不到的恩典。我的丈夫發現我還保存著當年畢業生代表領憑的照片，並且告訴我阮校長現在就在臺中商專當校長。他建議我帶著這張照片去拜訪阮校長，看看有沒有機會加入他的團隊。沒想到，阮校長一看到照片，先跟旁邊的秘書證明他年輕時候很帥（其實他一直都很有魅力），然後回頭對我說他就任臺中商專校長後的第一要務，就是積極聘請優秀人才為學校注入新血，讓臺中商專早日升格，所以他毫不猶豫地聘我為臺中商專教師。

　　在臺中商專及臺中技術學院任教期間，我和阮校長有更多的互動和交流。阮校長是一位虔誠的基督徒，他在任內成立了基督徒教職員團契，他每週都會參加聚會，和同仁們一起查經、禱告、分享。團契的成員有一半是非基督徒，但他們都被阮校長的熱情和真誠所感動，也對基督教信仰產生了興趣。阮校長常用音樂跟我們分享他的人生觀和信仰觀，記得有一次，他用普契尼的《杜蘭朵公主》歌劇，說明「愛」的力量，並以自己的經歷來見證基督耶穌的愛。他讓我們在欣賞美妙旋律之餘，也思考自己的生命意義和價值取向。

阮校長還非常關心我的家庭狀況，知道我有四個孩子需要照顧，尤其是么兒有特殊需求。每當有會議拖延至接近下班時間，他會提醒大家盡快結束，不要耽誤須準時接孩子的同仁們，他的體貼和關懷讓我感動不已。阮校長是我所見過最具有影響力的領導者，他的領導魅力在於他聰明風趣、有智慧又憐憫善良。他不僅關注學校的發展與創新，也關心每一位教職員工及學生的成長與福祉，他是我敬仰和學習的典範，也是一位值得信賴和親近的朋友。我很感謝神，讓我有機會與他相遇、相識、相處，也很感謝阮校長對我的提攜與指導。我相信這本回憶錄會讓更多人看到阮校長的光輝歲月和豐富人生，也會讓更多人受到阮校長的感染和啟發。

1982 年中原大學畢業典禮，周素娥獲選為畢業生代表上臺領憑，右為阮大年校長。（圖片來源：周素娥）

自序

我們成了一臺戲

　　和朱富國先生進行了大半年的採訪工作，我的口述人生歷史記錄工作終於告一段落，感覺也鬆了口氣，以後該是朱先生忙碌整理編寫的時間了。這本「被動」的自述，要謝謝母校陽明交大的厚愛（曾經服務過，也有資格稱為我的母校了吧！），只有用「施比受更有福」來祝福母校了。

不要效法這個世界

　　記得 50 多歲時，有位朋友強迫我去看他認識的一位中醫。我那時還不太信任中醫（現在女兒復健後比較相信了），但他強調反正免費看診，就被逼著去了。醫生把脈後送我七個字：「人生七十古來稀」，意思是必須求他延年益壽，否則死期不遠。我可是相信生命氣息存留都在乎創造主的，最後也沒破費「延壽」，回想起來這都已是三十年前的事，現在不單活到「古來稀」，也稱「今來稀」的年齡了。雖然知道再活也活不到需用望遠鏡的年日，但不管是一個月、一年、十年，甚至樂觀到 100 歲，還是要有一些方向和盼望才是。

回想一生，父母和學校幫助了我身心方面的成長，教會則是幫助我心靈方面的成長，我才能成為「身心靈」多少平衡的「全人」。我的一生指針都是依靠聖經（神的話），因為「神的話是我腳前的燈，是我人生路上的光。」而我覺得一生最好的學習榜樣之一，就是使徒保羅。

我在準備考大學的時候，仍舊如常參加聚會，當時我們連續幾天查考羅馬書，最後一天主題是「福音的奧秘」，講員提到保羅很詳細地將神啟示他的「奧秘」一一闡述，說到神對人類的救恩，從猶太人一直到世上所有的人，真是充滿慈愛智慧和大能，因此保羅在結論十一章時不由得擲筆大聲讚頌：

「深哉，神豐富的智慧和知識！祂的判斷何其難測！祂的蹤跡何其難尋！誰知道主的心？誰做過他的謀士呢？誰是先給了祂，使祂後來償還呢？因為萬有都是本於祂，倚靠祂，歸於祂。願榮耀歸給祂，直到永遠，阿門。」（羅馬書 11：33-36）

保羅寫完一定久久不能自己，因此後來的話就不得不另成一章了。

「所以弟兄們，我以神的慈悲勸你們，將身體獻上，當作活祭，是聖潔的，是神所喜悅的，你們如此事奉乃是理所當然的。不要效法這個世界，只要心意更新而變化，叫你們察驗何為神的善良、純全、可喜悅的旨意。」（羅馬書 12：1-2）

這兩段聖經深深地影響了我的一生方向，當時講員問：有沒有人和保羅一樣，感受到保羅當年的感動？我那時雖然還只懂些「深哉 ....」這段經文的皮毛，但也已經足夠使我同意「所以弟兄們 ....」這段經文了，那天我就決心「獻上自己，當作活祭」，願意一生將自己獻給上帝，尋求祂的旨意。因為開竅了，覺得這也是「理所當然」的。

　　因聖經上說當作「活祭」，既說是活的，所以是志願的、持續的，但也是不可改變或後悔的，我特地在聖經內頁寫下「一次獻上永不收回」提醒自己。還好我是交給神，不像浮士德是交給魔鬼，因此回憶我短短的一生，自從獻與神後，真的是不由自主而全然聽天由命了。我在「獻身」後，發現人生起了變化，第一件要學的功課就是「不可效法這個世界」。當時才高中畢業的我，不效法這個世界談何容易？

耶穌教的人生功課

　　那時考大學流行念理工，然後「來來來，來臺大。去去去，去美國。」如何能不效法？我早就決定唸理工，第一志願是臺大工學院，可是「獻身」不久，突然師大附中通知我可以保送成大工學院的任何科系，這難道就是神的答案？雖非保送臺大，但成大也是很好的學校，我覺得這正是順從神、不效法世界的第一步，而且免參加聯考可輕鬆不少。正當自以為「天人合作愉快」，平

常對我寵愛有加且放任我的母親突然插話。

有一天母親問我：「成大在哪？」

我說：「臺南啊！」

她說：「那麼遠？不要去吧，你考不上臺大的嗎？」

我說：「班上第一、二名保送臺大，三、四名保送成大，我第四名應該考臺大沒問題，附中往例都是一半以上可以考上臺大的，而且我們班有四十多個同學，至少二十人可考上吧。」

她說：「那就不要去吧。」

哈哈！當時母命難違，只有向耶穌告罪了，我還是參加聯考去考臺大吧。奇怪的是，填志願時我填了臺大電機、機械、化工三個系，我不愛土木，認為這樣就夠了。後來聽人建議，怕臨時意外發生，便加填一些科系以防萬一，我發現當時很受媒體歡迎的東海原來也有化工系，就隨手加入。最後陰錯陽差，莫名其妙就考到東海去了。

現在回想，原來這就是耶穌在教我人生的功課，可當時我絕對不認同，這就是所謂「察驗何為神的善良、純全、可喜悅」的意思，我甚至對神埋怨：「神哪，這是祢的旨意，也許善良、純全，也許祢喜悅，但絕非我喜悅的啦！」這只是第一堂課，此後人生還有更多類似的經驗，當時都一頭霧水，但回顧起來，加上時間的淬煉，更能體會「不可效法世界」和「心意更新而變化」，最

後也漸漸接受當時的安排，真正地察驗這些乃是神的善良、純全、可喜悅的旨意。

保羅回憶他一生，在《哥林多後書》6：8-10 的結尾說：「榮耀、羞辱、惡名、美名，似乎是誘惑人的，卻是誠實的；似乎不爲人所知，卻是人所共知的；似乎要死，卻是活的；似乎受責罰，卻是不至於喪命的；似乎憂愁，卻是常常快樂的；似乎貧窮，卻是叫許多人富足的；似乎一無所有，卻是樣樣都有的。」我的一生和保羅相比雖然是「小巫見大巫」，但保羅的感受我卻也多少體會到了一些皮毛。

當作「活祭」後，神就 take over（接管）我的人生而重新規劃了。「來來來，來臺大」變成了「來來來，來東海」，後來雖然還是「去去去，去美國」，但又變成令人跌破眼鏡的「去去去，去中原」；絕非夢寐以求，卻是做夢也不可能夢到的。總之，只有少帆是我一直不變的第一志願，但過程也是一波多折，等我已認了也放棄後，神又把她從天邊送到我讀書時的宿舍（按：詳閱本書第三章）。其他的一切要不是從沒想過的、超過所求所想的，要不就是神賜了又收回，反正不一定都是喜樂平安，但絕對是精采可期的人生。

讓心更加柔和謙卑

而保羅在覺得離世時間不遠時說道：「我正在兩難之間，情願離世與基督同在，因為這是好得無比的。」（腓立比書 1：23）但主說信徒仍需要他，所以他還會留在世上一陣，「無論是生是死，總叫基督在我身上照常顯大。因我活著就是基督，我死了就有益處。」（腓立比書 1：20-21）

"For me to live is Christ, to die is gain." 如果要口語化些，可翻譯為「我死了就賺了！」

平常我們常說：「我活那麼長，真的是活一天賺一天」，恰好和聖經所說相反。若我們看待死亡如同毛毛蟲的蛻變：「從必朽壞的變成不朽壞的，從必死的變成不死的。」那麼又何懼之有？因此早去一天就多賺一天，既然活著就要學習耶穌基督，我才因此很甘心地活在老朽的目前，但壓力正是如同保羅說的：「忘記背後，努力面前的，向著標竿直跑。」（腓立比書 3：13-14）

忘記背後，對我來說很容易（撰寫本書的朱先生應該最能體會），但坦白講，我的人生沒有太明確偉大的標竿，也沒雄心大志向標竿直跑的能力，更沒有像耶穌在世上醫病、趕鬼、傳道、授業、解惑、宣講救恩、散布福音的能力。但後來我發現聖經中一段熟悉的經文，已經為我指引了方向。耶穌說：「凡勞苦擔重擔的人可以到我這裡來，我就使你們得安息。」（馬太福音

11：28）這段經文的確是我過往人生經常需要，並早已真實經歷。每當遭遇到「勞苦愁煩，力不能勝」時，我都會到耶穌面前懇求力量安慰和安息。

但經文接著又說：「我心裡柔和謙卑，你們當負我的軛，學我的樣式，這樣，你們心裡就必得享安息。因為我的軛是容易的，我的擔子是輕省的。」（馬太福音 11：29-30）這裡說的不只是「得安息」，更進一步是「享受安息」。但要享安息不是免費的，得要負主的軛，學主的樣式或像一般人說的背十字架跟隨主，似乎是很痛苦和艱困的，但耶穌卻說是輕省和容易，我想關鍵就是能不能和耶穌一樣，有一顆「柔和謙卑」的心。

其實這是我早已知曉的道理，一生中我都希望和耶穌一樣「心裡柔和謙卑」。但認識我較深的人都知道，我這個直性、無耐性、一發火就沉不住氣的個性，即使磨難不斷仍未能完全改變。我雖不是狂傲的人，但仍不夠柔和謙卑，至少受不了別人比我驕傲，所以目前知道我未來的重大標竿之一，至少是使自己內心一天比一天更柔和謙卑，更像主的樣式。希望當我離世時，親近我的人能體會，畢竟我還勉強可算是個柔和謙卑的人吧！

人生接近謝幕之際，回想起來真如一場戲，我雖非一流角色，但上帝給我這個配角的戲分，對我來講已經是超過我的能力了。內容雖非可歌可泣，但也很精彩，只是我演得不夠好，絕對得不到上天的奧斯卡獎。唯一可安慰的，是至少我常將聖經上的

經文，如同《哥林多前書》4：9所說「……因為我們成了一臺戲，給世人和天使觀看」放在心中，所以至少做到了下面二點：

一、我從小就發現寡人能力有限，絕對不適合演獨腳戲，成事必須「天時、地利、人和」。因此我很能配合經文的勉勵，要「我們」一起演，而且要團結一致地演「一臺」戲才會成功。

二、觀眾除了「世人」外還有「天使」，所以不能一味地討好和配合世界潮流，也要體察天父的旨意。當然有時難免世人會不同意甚至發噓聲，但只要天上的觀眾在鼓掌就夠了。

話說上臺容易下臺難，人生舞臺亦復如此，再依依不捨，早晚仍須鞠躬下臺。採訪紀錄期間發生不少事情：郭南宏校長染疫引發併發症辭世，我幾位同學檢查出重症或者突然走了，10月初新聞又報導了高中同學作家王文興過世的消息。王文興對社會一向觀察深刻，作品風格也偏向陰鬱深沈，但是我相信這些年他對人生應該有著更深的體悟，在生命的最後旅程中慢慢領略聖經所說「外體雖然毀壞，內心卻一天新似一天。」至少身為天主教徒的他，最終還是有一個安息在天國的盼望。

在我的口述歷史即將出版的此刻，懷想這些曾如蠟燭燃燒自己努力照亮世界的故人們，即使春蠶絲已盡、蠟炬淚已乾，仍舊衷心盼望與祝福彼此，終能承神恩在天家蛻變成蝶享永生。

最後，在下臺前先祝各位看官一生平安喜樂、順天樂命，

而我也希望回後臺時，主耶穌會對我說：「回來享安息吧！」
想到這，就不免想以「哈！哈！哈！」大笑三聲作爲 Happy
Ending ！

阮大年

目次

第七章

餘韻悠悠——退休似新生 225

第一章

受苦與我有益

追逐自由的少年

「神愛世人，甚至將祂的獨生子賜給他們，叫一切信祂的，不致滅亡，反得永生。」既然相信神就可以得到永生，那我幹嘛要害怕死亡？所以信了耶穌以後，反而解決了「需要愛」和「死亡」兩個問題，這可以說是我人生的第一個轉捩點。

1. 滬城舊事

我的籍貫是江蘇吳縣，吳縣就是蘇州，不過祖父那一代就搬到了上海，做的是珠寶生意，祖父很早就過世了。我爸爸排行老五，家裡除了好婆（按：上海話對祖母之稱謂），伯父很少見到，我只認識大孃孃和小孃孃（按：上海話對姑姑之稱謂）。

我爸爸叫阮壽榮，高高瘦瘦有點像外國人的樣子，他是很聰明的才子，中學畢業以後去考北京稅專，在三千多人中他考第一名。後來他到關稅局工作，最高當到海關總稅務司圖書館館長，他常常躲在那邊看書，抽個煙斗、樣子很瀟灑，他也自認有點公子哥的個性。[1] 我爸爸英文好到可以用英文寫書，他的自傳《錦灰集》原本是用英文寫的，後來才翻譯成中文，有些海關史的研究也會引用《錦灰集》當成史料。[2]

我媽媽楊德貞是浙江湖州人，我外公楊譜笙是跟孫中山一起革命的夥伴，革命的時候負責管理財務，後來當過監察院秘書長和監察委員。原本外公還可以做更大的官，可是後來中風了，蔣緯國有時候會來看他，蔣經國大概也來過，我小時候覺得外公蠻偉大的。我外婆姓陸，好像跟陸皓東是堂兄妹，而法界大老王寵惠的兒子——蓋國父紀念館的建築師王大閎是我表舅，陳立夫是我表哥。[3]

外公很重視自由民主的新觀念，所以我媽媽既沒有纏小腳，

還是「洋學堂」中西女中的畢業生。我爸爸媽媽都是中秋節前後出生的處女座，媽媽其實比爸爸聰明，什麼都懂一點又不是很專的通才，我應該比較像她。一般來說，很少小孩比爸爸還矮的，我爸爸卻比我還高，因為我媽媽很矮，大家都認為我像媽媽。[4]

　　小時候我覺得外公家很熱鬧，第一次看到收音機也是在外公家，當時的收音機是橢圓形木頭做的，真的好大一臺。我以為有人在裡面講話，還跑到收音機後面，看看這些人躲在哪裡？當時真的很笨啊！外公家還有機械式留聲機，旁邊裝著一個像花的大喇叭，要聽之前先用手搖好，有點像時鐘上發條那樣，再把唱片放到唱機上慢慢轉。唱機每分鐘七十八轉，一張唱片五分鐘不到就放完了，一張放完再換另一張，一首交響樂要放七、八張唱片，洋派一點的富貴人家才買得起。

十三太保

　　我是 1937 年在上海出生，有靜方、昭文、潔芝、頌曼四個姊姊和一個妹妹大玲。姊姊的名字都是我爸爸在詩經裡面找出來的，等生到我這個寶貝兒子，我媽媽說因為她正好認識一位醫生叫大年，這醫生很熱心，她就把我取名「大年」。她只希望我可以活老一點，對我也沒有太大期望，所以「生平無大志」可說是我媽媽造成的。

　　媽媽說我小時候很靜，像女孩子一樣，很愛哭又不喜歡照

相，沒想到小時候不喜歡「聞達於諸侯」，長大後莫名其妙變成「名嘴」。以前我有養貓，牠跟我很要好，有次牠含了「半隻」老鼠跑到我床上，另一半想分給我，把我嚇了一大跳，所以我從小就怕老鼠。我也很多愁善感，媽媽一罵我，我就抱著狗躲起來，搞得好像只有狗愛我，非要等媽媽來跟我道歉，很頑固又有點被寵壞了。

在家中小孩裡，大姐和我比較受寵，二姐到現在還常對我抱怨：「小時候很不公平，一天到晚叫我揹你啊！」三姐就很內向，小時候都是她幫我們跑腿買生煎包。我心裡其實覺得很對不起四姐，因為她正好在我上面，最容易顯得待遇不一樣；同樣犯錯，媽媽也只打四姐不會打我。外公家有個燒飯的老婆婆，常叫我「十三太保」，因為當時親戚小孩裡，我是唯一的男生，在家裡特別受寵。

我 4 歲左右的時候，爸爸買了一個紅氣球給我當生日禮物，我牽著氣球到處跑，一不小心就被我踩破了。這是我第一次「失戀」，也是我第一次有失望的感覺。還有一次是叫我當花童坐馬車去參加我大阿姨婚禮，結果我太高興反而生了病，婚禮也就去不成了。大人不要以為小孩無所謂啊，其實心裡很 Hurt（受傷）。

對日抗戰以前我爸爸就在上海海關工作，一個月薪水有 2、300 銀元，那時 1 塊銀元可以換三十幾個雞蛋。我出生時正好抗戰開始，日本占領上海後接收了海關，爸爸雖然還能保住工作，

收入也比較差了，小孩子沒得比較，也不覺得生活特別辛苦。比方當時我們連雞蛋都沒吃過，只有「蛋粉」可以吃：蛋粉有點像麵粉，可以拌飯或泡水來吃，據說很有營養。偶爾吃到一些蛋殼我們還很得意：「喔，是真的有蛋！」。那時如果有豬油、醬油拌飯可以吃，就算很好了，偶爾小孩子也會把醬油和糖抹在紙上，當成零食舔著吃。還有一次爸爸帶了根香蕉回家，上海很少看到香蕉，而且抗戰時期真的很窮，家裡就舉行了「開蕉典禮」：先剝開放在盤子裡，再拿刀切成小塊，每人只能到分一小口。

弄堂韶光

我有記憶以來，都是住在上海法國租界裡的弄堂，抗戰勝利後才搬到爸爸的海關宿舍。[5] 法租界有個靜安寺很出名，一開始都是有錢外國人住的區域，建築比較洋派，算是比較安定的區域，現在還有很多法國梧桐和咖啡館。我在法租界看到很多印度人在當門房，上海也住蠻多猶太人和俄羅斯人，很多外國人都會講一口上海話。我到美國留學時，曾在洛杉磯碰到一堆講上海話的外國人，我還以為是自己太思鄉了，後來跟他們聊天，他們說自己是上海出生的白俄人。

弄堂是獨立的小社區，除了第一排沿街的房子，進入弄堂都要經過大門管制，裡面就是一排一排房子，一區五十幾家，算是當時少數按照國外方式蓋的新式三層樓洋房。我們弄堂後面就是

富翁周湘雲家的大花園，平時他都用籬笆把花園封鎖起來，籬笆多少有些洞啊，只要我們鑽進去玩，印度人門房就會來趕。

有次周家花園開放，我跑去裡面看外國人打壘球，也不知道我怎麼會傻傻地被球棒碰到頭，幾乎要敲暈了。打到我的外國人也很緊張，還送了盒巧克力賠罪。這是我第一次感受痛苦以後的快樂，也是我第一次吃巧克力，害我後來一直愛吃巧克力。離弄堂不遠有家俄羅斯人開的店，我如果存了一點錢，就會去買一個有點像花生酥或金門貢糖，卻更油、更甜、很不營養但是很好吃的猶太甜點，我一直都還念念不忘。現在對甜點要忌口，小時候我真的完全不怕。

對日抗戰期間，有時候美國飛機會轟炸上海，我們還很歡迎，感覺只要中國勝利就好，其實很危險。一般炸彈不會落在住宅區，但偶爾還是會有流彈掃過，有一次我家隔壁的屋瓦被子彈打破了，我們居然還大聲拍手歡呼，小孩子真是什麼都不怕。而且雖然外頭在打仗，小孩子玩的花樣還是很多，比方現在小孩也玩的、上面有圖案的卡片，比賽看誰可以壓倒誰的卡片，或者玩彈珠這些。我也常常到處去抓蟋蟀，拿個陶瓷盆子放兩隻蟋蟀進去，再用茅草刺激牠們打起來，看最後哪隻蟋蟀贏。我還喜歡玩扯鈴，可以丟很高再接起來，很厲害的。

過年過節前家裡會準備很多糖果，就算爸媽把糖果藏得再好，小孩子都找得到；等到過年一看，早就已經被吃掉一大半。

年節時大家除了放炮仗，打牌也多，大姐說我小時候很聰明，幾乎過目不忘，在旁邊看幾次就學會了。我雖然不賭博，什麼牌九、麻將啊都會，精得很！我大姐很有「女中丈夫」的感覺，她是弄堂裡第一個穿長褲和騎機車的女孩子，她唸中學時，就跟著我阿姨、舅舅去看電影、聽英文歌。上海人比較洋派，那時候電影院很多，我也常跟著大姐後頭往外到處跑，幾乎沒有跟弄堂小孩玩，《魂斷藍橋》和《出水芙蓉》就是我最早看的電影。

第一個轉捩點

上海話的媽媽叫「姆媽」，我家人都叫我的小名「小弟」。我家有六個小孩，姆媽要管很多事情，家裡就請了一個保母陪我上學和回家。有一次保母可能去辦事情，下了課我找不到她，因為我比較沒安全感，我就自己趕快走回家。回家後姆媽嚇一跳說：「誒，小弟怎麼回來的？你怎麼認得路？」他們也太小看我了，其實從學校轉幾個彎就到家了。長大後逛百貨公司找不到我太太時，我都會很緊張，原來從小我就有種害怕迷失的恐慌症。

記得抗戰時期晚上規定要關燈關窗，有時候我得要自己在房間裡等媽媽回家。一個人躲在黑暗裡有點孤單，沒電視看也沒事幹，我就會開始想一些怪問題，我常想 Who am I？「我」是什麼？為什麼有「我」的感覺？當別人問「你在哪」時，我會指自己鼻子說「我在這」，可是我看過一些乞丐，他們大概是得了痲

瘋病還是梅毒吧，有的人連鼻子都沒有了，那這個人還有「我」的感覺嗎？如果人用刀切下去，切下來的肉體還是我嗎？這問題是很幼稚，其實也是很基本，甚至牽涉靈魂層面的問題。

我從小就會思考生命裡最重要的兩件事：一件就是「愛」，得不到愛就等愛，等媽媽回來，這是我喜歡的、追求的事，害怕迷失也是因為怕得不到愛；另一件是懼怕的事，也就是死亡。大概 10 歲那年，我同時得了傷寒和副傷寒，醫生跟我媽媽講，我其實一隻腳已經在棺材裡了。當時沒抗生素，幾乎是不治之症，只能「土法挨餓」不吃東西，看看能不能把細菌「餓死」。我大概一整個月都不能吃任何東西，只有姆媽一直守在床邊照顧，那時候我開始感受到生命真的很脆弱。[6]

但是我第一次真正碰到死亡，則是好婆的過世。好婆年輕時也蠻能幹的，可是我對她印象一直不好，她總是自己悶在小房間裡，房裡燈都是暗紅色，又有燒香的煙味，偶爾進去她房間，她也一直拜佛唸經不理我們。我 12 歲左右，有天半夜爸爸突然把我們叫到好婆房間，進去就看到好婆已經昏迷躺在床上，一滴眼淚還沒流完，就「啊」一聲吐出最後一口氣，所以我對死亡的第一個印象，就是覺得很恐怖。我在想，好婆一輩子拜佛，為什麼碰到死亡還那麼怕？一輩子悶在房間唸經準備歸空，可是死的時候並不快樂。這件事，讓我開始思考生命的各種問題。

有次我跟著大姐去聽講道，一開始覺得很枯燥，結果卻被一

個故事感動：有對孤兒寡母，男孩長大後喜歡一個女孩，那女孩很壞又很會吃醋，要男孩把心挖出來證明愛她，男孩照做之後就死了。媽媽抱著死去的兒子，一不注意把心掉在地上，媽媽還把心撿起來，對著兒子說：「你有沒有摔痛啊？」這故事很誇張又不合理，可是我覺得好感動。傳道人說：「耶穌也是這麼愛你，所以要信耶穌！」我也就迷迷糊糊信了耶穌。大病後我很能體會媽媽的愛，我應該是被母愛感動，而不是被神的愛感動。

聖經說：「神愛世人，甚至將祂的獨生子賜給他們，叫一切信祂的，不致滅亡，反得永生。」（約翰福音 3：16）既然相信神就可以得到永生，那我幹嘛要害怕死亡？所以信了耶穌以後，反而解決了「需要愛」和「死亡」兩個問題，這可以說是我人生的第一個轉捩點。而弄堂裡有個家庭式教會，我在那裡學會第一首聖詩說：「耶穌喜愛世上小孩，世上所有的小孩，不管紅黃黑白棕，都是耶穌心寶貝。」其實這是很好的教育，我從來沒見過黑人，但是知道耶穌也愛黑人，人是平等的。小時候的觀念對日後的影響很深，後來我到美國唸書就很同情黑人，當時 Texas（德州）還有種族區分的。

風雨前的寧靜

日本人統治上海期間，生活雖然清苦，但是日本人對於思想的管控倒也還好。我爸爸英文很好，國學也不錯，蠻喜歡孔孟

之道，他常講中國人就要學習中國文化，所以我仍然是用中國人的觀念來反日本。當時上海的小學，二年級才開始唸日文，五年級學英文，基本還是中文爲主。1945 年我讀弄堂附近的古柏小學二年級，才唸了幾堂課的五十音「あいうえお」就抗戰勝利了，大家都好興奮地上街遊行慶祝。有次大姐帶我們幾個弟妹出去，我擠在人群裡，人潮好像水流一樣一直推擠，突然我被推倒在地上，我的個子又小，都快要沒有空氣了。當然後來我被救出來了，那次差點被踩死的經驗，真的很恐怖。

我的表舅王大閎是英國劍橋大學建築系畢業，到美國哈佛大學唸完建築碩士之後才回上海。表舅很愛玩，我小時候就是跟著他吃喝玩樂，了解上海有錢人的高層次生活，也才有機會吃到栗子蛋糕，當時覺得這是全世界最好吃的蛋糕，到現在還是我的最愛之一。表舅跟我爸爸很聊得來，有些自命風流而且英文又好，還把一本英文書《格雷的畫像》翻成中文書《杜連魁》。有次表舅帶我們去泳池游泳，那時候我不會游泳，和別人共用一個泳圈，不小心沉到水裡差點淹死，後來我一直都有點「恐水病」。

現在回想起來，小學二年級到六年級，這四年日子過得比較平穩。信耶穌以後，我每天早上都要唸兩章舊約和一章新約，有一天經文太長我又太晚起床，讀完聖經已經來不及禱告，我就閉著眼睛邊走路上學邊禱告。等到唸完「阿門」，睜開眼睛才發現我停在一棵樹前面，只差一寸就會撞上。也許這就是信耶穌的「蜜

月期」，讓自己知道神在聽你的禱告。有時候教會也講一些不大適合小孩子的內容，比如要丟掉你愛的「偶像」，我只想到自己一直很寶貝爸爸給的自來水筆。我心裡就對耶穌說：「喔，耶穌啊，我愛祢超過它！」就把筆丟了。

後來我要做功課，還是要把「偶像」找回來，最後居然發現筆就躺在抽屜裡，可我記得丟筆時抽屜是關著的。我唸的是很重視理性的理工科系，只好解讀成抽屜剛好有條縫，我的筆才會「一丟就中」。無論如何，我非常相信神的存在，加上歷史老師說的確有耶穌這個人，又更加堅定我的信仰。還有很多小事，比方我們姐弟禱告爸爸胃痛趕快好起來，結果爸爸就好了，或者禱告後媽媽就找到丟掉的結婚戒指……，所以我相信耶穌確實是摸得著的。信仰不是迷信，我是經歷過才有信心，如同聖經上說：「本於信以至於信」，信仰一定要有信心。

抗戰結束後，家裡經濟比較好了，我也開始有點零用錢。弄堂附近的周家花園旁邊後來租給一家餅乾工廠，偶爾會賣一些比較便宜的碎餅乾。有次我存了些零用錢，覺得可以去買些碎餅乾了，就跑到工廠很得意地說：「秤個半斤」。沒想到工廠員工回我一句：「至少要一斤！」這也變成我們家的笑話之一。

小學五年級時我讀了《愛的教育》這本書之後，有次參加學校作文比賽，我就編了一個很可憐、沒錢讀書的孤兒故事，沒想到居然得了第一名。校長還說：「你寫得很好，這個孤兒在哪裡

阮大年家族為慶祝對日抗戰勝利合影，約攝於 1945 年。

中央長鬚灰袍長者為阮大年外公楊譜笙，其右側坐者為外婆陸堅志，外婆右側後方立者為母親楊德貞，外公左側白衣者為甫自重慶歸來之前司法院長王寵惠。父親阮壽榮為最後排中央最高者，大姐靜方為右側站立白衣少女。

前排右一為阮大年（時年約 8 歲），左一為小妹阮大玲，左三至五依序為二姐昭文、三姐潔芝、四姐頌曼。

（圖片來源：阮大年）

啊？我去幫他！」對不起啊校長，我假造故事！上海人腦筋很靈活的，我多少也受到影響，什麼都懂一點，打籃球、唱英文歌連搓麻將也會。小學裡的科目對我來說也都很容易，一直到共產黨來了以後，我才知道讀書也會不及格。

2. 社會寄生蟲

國民黨統治時代我還小，沒覺得國民黨多好，但至少很安定。1949 年共產黨控制了上海，我大姐當時唸愛國女中，一般高中生大概受到共產黨的宣傳影響，比較喜歡共產黨，更流行討厭國民黨；不過共產黨講無神論，我大姐是基督徒，所以她很不喜歡共產黨。記得共產黨剛到上海的時候，很多來「解放」我們的解放軍都是「鄉巴佬」，常常坐在我們弄堂外面的地上，一開始都說不會擾民，人也很和善，民眾對他們的印象很好。共產黨之所以很客氣，大概是怕「反動派」或者政局動盪不安，過陣子穩住了，就露出真面目了。

誰都不能信

我初中唸的是聖芳濟中學，就在周湘雲房子旁邊，他們會把共產主義放到每一科裡，比如英文課就會講美國怎麼樣敗壞。有次政治課的考題是：「如果你的爸爸是國民黨特務，你會怎麼做？」雖然我的答案寫「告他」，最後還是不及格。老師說：「什

麼是標準答案？某某同學寫：『我的爸爸如果是國民黨特務，我會很難過，我要勸他向人民低頭，向政府自首，他不肯的話我再告他。』這人才是真正的會告，你們這些是假的！」

那時候也沒辦法正常上課，時常叫學生去參加「坦白大會」或「鬥爭大會」，聽別人說「我告我爸爸，我爸爸是帝國主義的走狗」這類的事，共產黨還說：「如果你看到爸爸媽媽或者誰做什麼反動的事，要告訴我們。」這些政治課程，讓我對人性真的很失望。聖芳濟的校長是白玉衍神父，我有個親戚比我大1歲，家境也不錯，原本他跟校長很好，還常去校長家吃晚飯。後來這個親戚跑去告校長，說他偷聽美國之音廣播，共產黨就說校長是間諜，把他抓去槍斃了。

抗戰勝利後，我家裡經濟狀況稍微好一點，共產黨來之後又開始窮了。那時候學校可以申請清寒補助，我同班的另一個親戚居然跟老師說：「他爸爸很有錢，在海關做事。」我家住的房子狀況維持很好，老師到我家看過後就沒核准我的補助申請，其實當時家裡大部分空間都已經租給別人，自己家住的地方反而愈來愈小了。我爸爸書裡還有寫到「抗美援朝」時期，曾有親戚舉報我家沒有捐錢的事，[7] 其實我已經忘得差不多了，共產黨的痛苦回憶，我是盡量想辦法忘記。反正都告來告去的，人性哪，那時候誰都不能相信。

還有一件事，也讓我對人性改觀。我大舅舅唸的是上海交

大，小學時他曾帶我去交大運動會，當時唱的國歌是「三民主義，吾黨所宗」。大舅舅有個朋友很熱心，看到人就說：「唱國歌了，還不立正！」我那時候覺得這個人好愛國，很佩服他。兩年後共產黨來了，我又跟大舅舅去交大運動會，那個人還是說一樣的話，可那時候唱的是「起來，不願做奴隸的人們，把我們的血肉，築成我們新的長城！」也就是共產黨的國歌「義勇軍進行曲」。

一個人忠心的對象應該是國家，不是某個政黨，而且「愛國」到「用我們的血肉」，我是不願意的。國父講的三民主義是「博愛」和「民有、民治、民享」，共產黨講的是「階級鬥爭」，覺得人因為鬥爭而進化，兩個觀念完全不一樣，後來我才發現自己一點都不佩服這個人。我也不覺得現在愛某個黨就是「愛臺灣」，人應該要看高一點：我們愛的是一個文化，無論臺灣或中國，都是中華文化，都很值得愛。

我也會不及格

有件事我覺得很丟臉：有一次成績單下來，上面居然有四個紅字！我那時候也不懂，怎麼會有紅字？我就問旁邊同學：「紅色是什麼意思？」他說：「你不及格啦！」政治課我當然不及格，竟然地理也不及格，雖然我本來就不太喜歡地理，但也不會不及格啊？我一直覺得唸書簡單得很，英文、數學、國文都很容易，小學迷迷糊糊也會得獎，共產黨來了以後，我心裡就很不平衡，

多少影響了成績。我常想，不管你考第一名或成績多好，其實是因為社會和家庭給你很好的環境，如果環境不好的話，就是再簡單也過不去，所以做人不要太驕傲。

有一次我真的受不了，就在我們弄堂一個角落寫了「蔣總統萬歲」，剛好有人騎腳踏車過來，我真的是嚇壞了。在共產黨底下，這種可是死罪，抓到就槍斃了，結果那個人笑笑就騎過去了。我覺得很多人都是反共的，只是在當下的環境裡不敢講。後來共產黨在弄堂裡找了一棟三層樓房用來管理大家，我們小孩子很調皮，雖然不敢直接叫「蔣總統萬歲」，也會故意在樓房外面罵一些「反動口號」刺激他們，大人來抓我們就一哄而散。

星期天學生也常常被動員參加遊行，共產黨也很清楚，上海有錢人比較多，資本主義的人絕對反共，就把遊行方向改成「對外抗爭」，比方「抗美援朝」之類。這樣一來，教會就沒辦法做禮拜或聚會了，我們基督徒如果一起參加遊行，人多勢眾時也蠻大膽的，有時候一邊喊口號，一邊小聲唱哈利路亞，很有意思。

偶爾到傳道人家裡聚會，因為已經沒有唱詩歌的歌本，只好偷偷用聖經經文配上中國調來唱，我用這樣的方式，反而背了很多聖經篇章。後來有些傳道人被抓去青海充軍洗腦，有幾個屈服在壓力之下，表示自己後悔信了帝國主義的教，當然也有些傳道人情願去坐牢。這時候雖然能分辨出是不是真的信仰，但是也不能責怪別人，畢竟是性命交關的事。我那時候就覺得共產黨是撒

旦和魔鬼，他們真的很聰明。不過，黑白是非我分得很清楚，尤其他們強調無神論，所以我絕對反共！

共產黨對思想的控制，連學生都感覺得到，不過學校生活還是相對單純。聖芳濟是很好的學校，我最懷念學校福利社賣的一種早餐：把包著肉和菜的春捲炸得焦焦脆脆，再夾進法國麵包裡，有點像西式的燒餅夾油條，吃起來外酥內軟又有香脆口感。每天早上進校門買一個吃，是我每天最快樂的事，可惜後來在臺灣都找不到了。聖芳濟因為是純男校，有些男生難免會亂講一些男女之間的玩笑，我聽了簡直像天方夜譚。我那時候還非常「純白」，在學校只會打打籃球，講話從來不會講到女生。

再見了，上海

我爸爸剛開始還覺得，日本人來時沒怎麼受迫害，抗戰八年也都忍過來了，共產黨都是中國人，怕什麼？結果他在工作上被鬥爭得很慘，連心腹都出賣他，1950 年他從海關辭職，我們家就搬到外公家在法租界弄堂的舊房子。[8] 再過兩年後他實在受不了，因為共產黨不只逼迫生活，還要改造思想，不講話不行，講話得要講他們的話才行，爸爸終於決定要離開上海。

我大姐高中畢業後大學沒有考好，共產黨來了，她就自己跑到香港。王大閎表舅他們家也已經離開上海到香港，1951 年底我爸爸就先到香港跟大姐和表舅會合，過了半年再想辦法把我們剩

下的家人接出來。這段期間我媽媽也很堅強，真的很了不起，靠著積蓄和變賣一些外公遺留的字畫來養活全家。當時外公已經過世，外婆和舅舅也比我們先到臺灣，幸好我們家並沒有因為外公和國民黨的淵源而受到迫害。

可能我們和外公畢竟隔了一層，共產黨剛開始也要穩定政局，尤其上海反對他們的人很多，忙著搞抗美援朝、三反五反什麼的，還沒時間來挖外公和國民黨的歷史。三反五反期間，很多企業家跳樓自殺，大家都說不要經過高樓，說不定上面會有個企業家跳下來把你壓死。表舅他們離開上海後，我們小孩子有時候也很虛榮，會故意跑到電影院門口，跟著散場的人走出來，覺得好像也看過電影了。

我初一下學期的時候，我媽媽想申請全家去香港，當時她經常去管理出入境的公安局和公安慢慢磨，有時還一邊流眼淚一邊說：「同志啊，我們一家人你覺得分開好，還是在一起好呢？」磨了一年左右終於感動對方，申請通過的原因，是因為共產黨認為我們是「社會寄生蟲」，才會讓我們離開。共產黨既不做好事，也不講好話，後來我演講常常講到這段往事，原來我是以「社會寄生蟲」的名義才能到臺灣，真的要謝謝臺灣。

就這樣，我初中二年級唸到一半就不唸了，休學半年準備出國手續。弄堂裡的一些壞小孩，覺得我平常都跟姐姐在一起，好像很弱很文靜的樣子，也不跟他們一起玩，所以很喜歡來惹我。

知道我不上學了，有時候還會來堵我，笑我說：「你根本被退學了，你被開除了！」他們知道我信耶穌之後又更討厭我，有一次甚至來推我，還在那邊唱：「耶穌請我吃饅頭，我請耶穌吃拳頭！」我已經忍耐很久，既然你們要來惹我，我也就不客氣回手了，結果他們根本不經打，一下就被我推倒。這是我生平唯一打過的架，不過他們後來就很尊敬我。

為自由落淚

當時二姐和三姐在醫院做護士和念護校，媽媽只能先帶著我、四姐和妹妹離開。我們在 1952 年 5 月啓程，離開上海那天還蠻感慨的，我回頭看了從小長大的弄堂最後一眼，心想應該不會再回來了。我們是搭火車離開上海，那是我第一次坐火車，開始很興奮，後來就很痛苦，因為要坐三天才能到廣州。車上有座位但沒有臥鋪，上廁所吃飯都在車上，還好不像印度火車那麼擠，而且也不是逃難潮，算是我家的「逃難」。

到廣州之後，我們得要先申請前往澳門。當時出境不能帶太多美金，我媽媽還蠻有頭腦，她把擦臉的面霜從罐子裡挖出來，把多帶的美金藏在裡面，再把面霜蓋起來當作掩護，一部分錢就縫在我們的布鞋鞋底。也許是爸爸媽媽特別寵我的原因吧，四姐心裡多少有些不平衡和埋怨，加上個性有點叛逆，海關人員來檢查，四姐就很調皮地在旁邊唱歌，暗示錢藏在布鞋裡，幸好最後

有驚無險到了澳門，再申請進入香港。

在澳門等待申請入港證期間，我們住在爸爸好朋友許世杰先生家，每天都有饅頭夾牛油（按：上海人稱「奶油」為「牛油」）吃，當時我覺得這種中西合璧的吃法真的好美味，也很感謝許先生的幫忙。到香港後，我們先住在表舅王大閎家，整個心情才真正放鬆下來。記得表舅先帶我們去一家像 7-11 的便利商店，我發現巧克力怎麼會那麼便宜，真的感覺像在天堂一樣。到香港的頭一個晚上我完全睡不著，我就禱告感謝上帝，賜給我那麼美好的環境。聖經說：「我受苦是與我有益」，從小受苦真的有益處，生於憂患才更懂感恩，也更覺得容易滿足。

後來爸爸認識一位很海派但是滿口粗話的木器雕刻老闆，就去幫他做一些寫英文商務信的工作，我們全家也搬到了調景嶺。調景嶺有點像難民區，從黃大仙廟再坐兩站公車才會到，下車還要走十幾分鐘才到家，沿途只有一些田和簡單的平房。[9] 我很佩服爸爸，才高八斗卻因為愛好自由而離開中國，也很不忍心看他為五斗米折腰，每天很辛苦地去市區上班，回到家都已經五、六點以後。有一次颱風天，風雨比我在上海碰到都還要大，我和媽媽冒著大雨撐傘去公車站牌等爸爸下班。我爸爸很難得地用很溫柔的語氣對我說：「你還來接我啊！」我心裡真的很感動，到現在想起來感觸都還很深。[10]

表舅家和蔣宋美齡很熟，他們跟蔣夫人說我爸爸英文很好，

希望能幫我家遷到臺灣。在表舅和大舅舅楊泰傳幫忙下，1952 年 6 月我們終於搭輪船離開香港，這艘船是先到高雄，我們在高雄沒上岸，一直到基隆才下船。[11] 當時基隆港外面有「自由中國」四個大字，我一看到就流下眼淚，因爲共產黨底下真的很沒自由。我們講「少年維特的煩惱」，大部分是爲了愛情煩惱，我小時候爲死亡煩惱，少年又爲自由煩惱，真是太少年老成了！

人生 Reset

當時對小孩的管制很鬆，12 歲以下小孩不用證件，就能跟著爸媽申請入臺，登記時就把四姐寫成 12 歲，我變成 11 歲、妹妹 10 歲，所以我身分證生日寫的是 1940 年 5 月 25 日。我妹妹是很虔誠的基督徒，想到每天在「撒謊」，心裡就不平靜，很希望更正出生日期，後來也回上海查過。可是我出生的上海醫院燒掉了，想改也沒證據，所以公家紀錄只能用 1940 年。

大舅舅當時在基隆招商局做事，我們一家到了臺北就先擠在大舅舅家，那是在師大後面，浦城街的招商局宿舍。在大舅舅家住了幾個月，我們全家就搬到淡水紅毛城附近的海關宿舍，地方很棒很漂亮，後來我爸爸找到財政部秘書室的工作，薪水和生活也比較穩定了。[12]

我在淡水每天無所事事晃了半年，也不會自己唸書，反正在那邊很快樂，沒事就丟丟壘球和做運動。宿舍對面有個很小的海

軍基地，有些小型巡洋艦負責巡邏，我還經常跟海軍混在一起，軍士官都跟我很要好，常常帶著我出去玩。有時我會坐在家外面的草皮上，看著通往淡水高爾夫球場的公路，有一次我還看到蔣中正總統的車子經過。因為那一帶沒什麼人，所以他的車窗是打開的，那時候我只覺得這個人看起來很悲哀，好像一直在嘆氣的樣子，後來才知道他就是蔣總統。

二姐和三姐是四、五年之後才想盡辦法接出來，那幾年她們在大陸生活真的很辛苦。原本全家人很高興要去接風，沒想到她們居然被送到警備司令部拘留一整晚才放出來。那時候國民黨什麼都要懷疑，認為別人都出不來，她們到底是怎麼出來的？會不會是匪諜？最後她們寫了自白書才放人。在大陸我們是寄生蟲，來臺灣也不受歡迎，所以兩岸政府我姐姐們都不喜歡。

我在初中二年級下學期離開上海，從澳門到香港也過了半年多，到臺灣之後又拖了一段時間，得要重新考試才能入學。後來爸爸說可以考插班，我原本報考初三下，可是我又不會ㄅㄆㄇㄈ注音，國文大概考很差，最後考上成功高中初三上學期的春季班。我爸爸難得幽默說：「你升級了，考三下變三上！」

因為要趕第一班火車上學，我每天都是五點半起床，從家裡走二十分鐘到淡水火車站。北淡線火車每站都停，到臺北火車站至少四十分鐘，再走十五分鐘到成功中學。後來學校宣布，遠道來的學生可以免參加升旗和降旗典禮，所以每天我還能五點半回

家吃晚飯。

　　唸春季班的學生，很多都有些意外狀況，尤其逃難來的人很多，像李家同和我都是從大陸逃出來的，[13] 我們班四十幾人，本省人反而只有六個。我們班同學調皮得要命，我長得比較老實，老師常常說：「阮大年才從香港來，老老實實的，你們不要帶壞他！」同學都在笑，說我其實不比他們差啦，也很調皮。有些課像公民訓練，必須學習一些典禮儀式，班上就要開班會或模擬追悼會，我們班會故意在黑板上畫我們導師的人像，導師一看就知道是畫他，可碰到我們這一班也只能認了。

3. 初升朝陽

　　我是 1953 年 2 月進入成功中學初中部春季班，1954 年 1 月寒假畢業，在臺灣雖然只有唸一年初中，不過我覺得快樂得很，學校又不會講政治，功課也恢復到以前的水準，至少我沒覺得太困難。像李家同本來也在上海，比我早到臺灣，上海小學五年級開始學英文，所以我和李家同是班上英文最好的兩個。我其實一直迷迷糊糊的，也沒有特別用功，加上要搭車通學，回家沒太多時間做功課，結果學期末還得了品學兼優第六名的獎狀。

古典樂宅男

當時成功中學對面有間肺病防治中心，全校學生都要去那邊照肺部 X 光。有一次學校突然通知我和另一個學生去重照，我覺得完了，原來我有肺病，難道是大陸的空氣不好，還是吸到爸爸二手菸的關係？

那時候年輕人最怕肺結核這類的肺病，肺病要休學至少一年，我想糟糕，才進來唸個半年，居然又要休學了。後來教官陪我去重照，看到前面有些穿綠制服的一女中學生，每個檢查完都在哭，好像都有問題。我只能迫切禱告、求神恩待，沒想到檢查結果都沒問題，這件事也更加深了我對信仰的信心。

初中唸了半年以後，我家就搬到鄭州路的關務署宿舍，離西門町和淡水河水門不遠，很多同學會到我家來玩。有一次同學來，正好看到我在哭，雖然想起來很丟臉，可是我的狗 Lucky 被爸爸丟掉了。Lucky 是在淡水跟著我回家的流浪狗，一條長得很普通的黃狗，可是我很喜歡，搬到臺北我也帶著牠。搬家後牠一直汪汪叫，連隔壁鄰居都在嫌，我爸爸實在受不了，就偷偷請海關工友騎著腳踏車，把狗帶到永和放走。為了這件事我哭了好幾天，過了快一個禮拜，牠居然自己回來了。上大學或服兵役後我就很少回家，每次回來牠都還記得我，真的很忠心。

我那時候就在想，老了以後我要像電影一樣，家裡有條狗，

然後一起在壁爐旁邊看書，也沒想到要有老婆、有家庭，覺得這樣就很快樂。想想我真的很孤僻，現在想法當然改變了，因為有太太和兒孫更好。其實我是個 Family Man（居家男人），初中學校舉辦露營，大家都很興奮，我就裝病不去。我很不喜歡野外，個性也很懶，家裡好好的很舒服，幹嘛去野外煮東西吃？在共產黨那邊我受夠苦了，可以不受苦我就不受，我喜歡躲在家裡，童子軍之類的活動，我都不參加。

那時中廣每週五晚上八點到八點半會播古典音樂，我第一次聽到貝多芬第五號「命運交響曲」，就喜歡上古典音樂。後來再聽到第六號「田園交響曲」，我更能體會人從一開始面對命運時，由像暴風雨來襲的激昂情緒，直到風雨過後感謝上帝，最後歸於田園平和寧靜的過程。在古典樂裡，我是真實感受到「天人合一」，可是我爸爸每次都嫌交響樂太吵，常常叫我音量開輕一點。我都不好意思講，他每天在聽的京劇，我覺得才吵。

不為成績苦了自己

初中部春季班，我記得當時全省只有師大附中二班、成功中學一班、嘉義中學一班，高中部如果要唸春季班，也只有師大附中一班名額，很難考。我們班雖然調皮也很優秀，最後大約十八位同學和我一起考進師大附中，比附中兩班加起來還多。

因為全省初中春季班菁英都集中到師大附中高中部春季班，

我們高中同學可說是臥虎藏龍：像李家同、設計臺北 101 大樓的李祖原、寫了《家變》這本書的王文興都和我同班。有位同學黃乃興是當時教育部長黃季陸的兒子，大家都叫他「小菠蘿」，跟我一起考上東海的孫允中，我們都叫他孫猴，還有後來去聯合國做事的郭大夏等，都蠻優秀的。

我的高中導師潘光晟老師是國文老師，說話有四川口音，好像是從重慶一路逃難到臺灣。入學後他問我喜歡什麼科目？我回答英文、數學和國文，結果他突然改用英文問我："What is a noun ?" 我一方面聽不清他的川腔英文，一下子也記不全名詞的完整定義，只說了 "the name of person, place" 而沒有說 "thing"，最後他說：「你喜歡英文，怎麼沒有完全答對？以後要用功喔！」

導師當然很關心學生，不過他大概覺得我程度普通，我也真的很少考第一、第二名。後來我對潘老師的印象很好，是因為上課講到「樹欲靜而風不止，子欲養而親不待」，他就哭了起來。他說：「我爸爸媽媽我沒養他們，他們沒逃出來啊！」我覺得很感動，大家也跟著他一起流眼淚，所以我對這位老師還是很有感情的。只是他批改我的作文，評語常常是：「前面都很好，結尾就草草了事！」

我這個人有點 80 分主義，開頭題目格局很大，後面就懶得寫隨便交卷，我很喜歡第一個交卷，所以我永遠是 80 分左右。高中曾測過 IQ（智商），我的 IQ 排名好像還蠻高的，潘老師說：

「以你的 IQ，應該考得更好，爲什麼你沒有考第一名、第二名？」他大概不知道，就像李家同在我高中畢業冊裡講的：「你真的很好，就是太喜歡享受！」我是基督徒，比較入世一點，不會爲了成績苦了自己。

貝多芬「愈分愈多」

後來我回師大附中演講，學校送我一張學生資料卡照片做紀念。「你最感困難的學科」那一欄，我填了地理和畫圖，「最感

阮大年就讀師大附中時的學生照。
（圖片來源：阮大年）

興趣的學科」是英文和理化。因為基督教不講偶像崇拜,「最崇拜的人」那一欄我本來沒寫,潘老師說寫最敬佩的人就好,所以我填了「孫中山」,反正一定是那時候的標準答案;興趣嗜好就寫籃球和文藝小說。

高中時期我很喜歡讀外國翻譯小說,像狄更斯的小說,很有同情基層社會的惻隱之心,比方 David Copperfield《塊肉餘生記》的孤兒故事,《雙城記》我反而沒那麼喜歡。狄更斯其實很有幽默感,他寫的一個 Pickwick 先生,一看就知道很好玩;A Christmas Carol《小氣財神》是講一個老人和三個「以前、現在和未來」的鬼,這個聖誕節故事後來被拍成很多部電影,我很容易被這種故事感動。

我覺得「畫圖」很難,其實是有原因的。我們班有五個同學後來唸建築系,李祖原曾說很感謝「郭大師」,也就是美術老師郭軔常鼓勵他們畫畫,[14] 可是郭老師對我印象似乎不好,我平常畫畫很爛,常被說「畫虎不成反類犬」。有一次我的水彩畫,玻璃部分畫得很透明,郭老師難得給我 80 幾分,可他評語說是「偶然效果」,連我自己都不知道怎麼畫出來的。

當年我的聲音還不錯,音樂老師說我歌唱得很好,其實是因為我在教會參加唱詩班。我第一次去教會練唱,一開口指揮就說:「又來一個大 Bass(男低音)。」我的聲音太響,指揮一直叫我唱輕一點,慢慢才學會控制音量,畢竟合唱不是獨唱。一直到東

海大學我還是唱詩班，偶爾有獨唱都叫我唱，其實我很不喜歡，因為獨唱音域有點高，高音我就很勉強。

上高中之後，我一有錢就會去買些古典音樂唱片。我很喜歡貝多芬第五和第六號交響曲，雖然有點曲高和寡，我還是會盡量介紹給同學，後來很多人也喜歡上古典音樂。這有點像聖經裡「五餅二魚」可以分給五千人吃飽的故事，我買「田園」同學買「命運」，我們可以交換聽，貝多芬沒有減少，而是愈分愈多，不會變成「貝少芬」！人的層次要提高，不要一天到晚追尋物質，要提升精神層次，看遠一點。

當年師大附中是純男校，我總覺得附中跟二女中比較合，就是現在的中山女中，那時候沒有什麼男女校聯誼，畢業舞會我也沒有參加。高中時期我是很「屬靈」的人啊，既不跳舞而且連電影都不太敢看，因為我們教會覺得看電影是不好的事；其實應該教小孩學習怎麼分辨好壞，而不是靠律法去限制人。

對我來說，高中是很快樂的三年，師大附中自由的氣氛，給我們很好的個性發展空間。我們高中同學也蠻規規矩矩的，教養都很好，大概正好我們這一批很多是從大陸逃出來的公教人員子女，家裡都很清白的，也沒家長做大官，大官子弟大概也不會降級來讀春季班，早就被送出國了。

58　阮大年口述歷史

阮大年於師大附中入學時所填寫的學生資料表。（圖片來源：阮大年）

第二個轉捩點

高中畢業時，我們班有四個人可以保送大學，我是以班上第四名保送成大，後來我媽媽說成大太遠，我就放棄保送。當時我的第一志願是臺大電機，我也認為一定考得上，李祖原還在畢業冊上寫：「希望你將來做個很好的工程師」，然後畫個「打鐵」的圖，好像工程師就要打鐵似的。

只是 1957 年 1 月春季班畢業到 7 月聯考前，其他人都在好好讀書，我卻是混掉半年，逛逛街、看看電影，到處晃來晃去不大唸書，照樣忙著教會聚會活動。有次聚會我讀到《羅馬書》第十一章，保羅說信耶穌是「本於信，以至於信。」我突然才想通「信」不是一個開關，不是信了耶穌就等著上天堂，「信」其實是一條道路，就像詩篇講的，還要經過死蔭的幽谷，才能慢慢開竅，耶穌是一步步在操練你的心性。

最後保羅用一段話歸結第十一章，我覺得很美：「深哉，神豐富的智慧和知識！祂的判斷何其難測！祂的蹤跡何其難尋！誰知道主的心？誰做過祂的謀士呢？誰是先給了祂，使祂後來償還呢？因為萬有都是本於祂，依靠祂，歸於祂。願榮耀歸給祂，直到永遠！阿門！」（羅馬書 11：33-36）可是很奇怪，下一章開頭是這樣寫：「所以弟兄們，我以神的慈悲勸你們，將身體獻上，當作活祭，是聖潔的，是神所喜悅的，你們如此事奉乃是理所當然的。」（羅馬書 12：1）

以前讀到這段經文我很害怕，好像前面有個祭臺要把自己獻給上帝，那祂懂英文或數學嗎？後來想想，既然祂是創造宇宙的神，為什麼要害怕？就像小時候我們把自己交給爸爸媽媽，叫我吃奶就吃奶，叫我打針就打針，都是因為信任。當時我就在聖經上寫：「我願意獻給神，一次獻上永不收回！」這算是我生命的第二個轉捩點，但是上帝也不客氣喔，我就變成了棋子，原本我

想跳這邊，上帝偏把我往那邊跳。聯考前一晚，我家隔壁失火，大家半夜去救火，結果我的數學沒考好，總分只拿了 330 分。

當時大學聯考是「先填志願後考試」，填志願的時候，我很有信心考上臺大，只填了電機、機械、化工三個系。那時候交大還沒復校，清大也沒有大學部，中興大學還是農學院，我是理組生也不考慮師大、政大。當年我們還是比較喜歡「大學」，東海是基督教大學，大家又都說東海和臺大齊名，臺中離臺北也近一點，所以臺大化工後就填了東海化工，其他再隨便填了三、四個志願。330 分雖然可以錄取臺大的一些科系，但是和我的前三志願分數有點差距，最後錄取了第四志願東海化工。

現在講起來當然很輕鬆，可當時我覺得很丟臉，保送成大我不去，又考不上臺大。而且我們班同學，一半以上都考上臺大，只有我跟孫允中考上東海。考試前隔壁失火，應該是上帝給我些考不好的理由，免得我太糾結。後來想想，既然我把人生交給上帝，那就認了。很多事情剛開始我不了解，為什麼人生有時順有時逆，有快樂有悲哀？現在慢慢能夠體會，人生也是一種訓練。當年考大學對一般人來說是件大事，考上跟考不上，孫山跟孫山後面的人就差很多。

回頭看，其實這些都是小事，我不去東海就不會跟我老婆結婚，就不會做東海校長，路也會不一樣。如果我去念臺大，跟其他的小姐結了婚，現在已經離婚了也說不定。我本來就沒有很明

確地想要做多大的事，或者想做大官當名醫，從小就很「順其自然」的一個人。我想上帝會「適才適所」，按照每個人的性格，再加一些你需要的能力，讓你按自己的路走，但是絕對不會讓你一步登天，或者做總統、中大獎；而且每個人都不能避免苦難，但對苦難的應變和心態卻可以不同。

師大附中畢業照，阮大年（第二排左二）負責持班旗，攝於 1957 年 1 月 17 日。（圖片來源：阮大年）

註釋

1. 阮壽榮先生 18 歲中學畢業後投考僅錄取二十四名學生的北京稅務專門學校，在近三千名報考人中勇奪榜首，畢業後分發至上海江海關服務。阮壽榮，《錦灰集》（n.d.），頁 23-25。
    阮壽榮先生於 1926 年進入海關服務，1939 年任一等二級幫辦，1942 年起任海關總稅務司公署統計處第一科長兼海關圖書館館長。「中央研究院近代史研究所檔案館人名權威檢索系統」：https://archdtsu.mh.sinica.edu.tw/imhkmc/imhkm，擷取日期：2023 年 9 月 9 日。

2. 張志雲著，徐盼譯，《海關中國：政府、外籍專家和華籍關員的三重視角揭開清末「國中之國」的神祕面紗》（臺北：麥田，2023）。

3. 楊譜笙於 1911 年擔任工商部秘書長，1931 年 2 月擔任監察院第一屆秘書長，1933 年擔任監察院監察委員。「中華民國政府官職資料庫」：http://gpost.lib.nccu.edu.tw/display.php?&q=name:%E6%A5%8A%E8%AD%9C%E7%AC%99，擷取日期：2023 年 9 月 9 日。
    王寵惠為耶魯大學法學博士，曾任外交部長、國大代表、司法院長等職，原配為楊譜笙親妹。陳立夫於 1938 年起任國民黨中央組織部長、國民政府教育部長等職，1947 年後任國民黨中央秘書長、立法院副院長等職。「中央研究院近代史研究所檔案館人名權威檢索系統」：https://archdtsu.mh.sinica.edu.tw/imhkmc/imhkm，擷取日期：2023 年 9 月 9 日。
    王大閎有「建築詩人」美譽，最為人熟知的公共建築為臺大第一學生活動中心、外交部與國父紀念館。鄭景雯，〈國父紀念館設計者王大閎辭世享壽 101 歲〉，《中央社》，2018 年 5 月 29 日，https://www.cna.com.tw/news/firstnews/201805290259.aspx，擷取日期：2023 年 10 月 2 日。

4. 阮大年曾描述：父親身高六呎，母親嬌小，兩人在一起一高一矮，我也被平均分配到了五呎八吋。阮大年，《生命有甘泉》（臺北：希代，1996），頁 28。

5. 阮壽榮著作中描述：生長男大年後遷入愚園路花園洋房與岳家同居，每次遷居，都由小而大，家中佣人奶媽最多時有五人之多，我亦購了小轎車代步 …… 抗戰期間我家又搬過幾次，因滬西已成漢奸世界，而寓所又被他們迫遷，即遷至巨賴達路錦園，生六女後又與岳家同遷至古拔路景華新邨分宅而居，復員後又遷至璧勛路海關宿舍。阮壽榮，《錦灰集》，頁 55-59。

6. 阮大年曾記述：生病的我，自己不知道厲害，只知昏睡了又醒一下，醒一下又昏睡，但是我很安心的就是任何時間一睜開眼，我一定能看到姆媽在俯視我、看顧著我 …… 有一次醒來，看到姆媽在蚊帳外看著我，我虛弱地問她：「怎麼有蚊帳啊！」其實那時根本沒有蚊帳，只是我已病重到看不清楚了。阮大年，《生命有甘泉》，頁 27。

7. 阮壽榮記述：一個親戚的兒子，是我兒子的同學，在「抗美援朝」會中攻擊我兒未曾大量捐款，（幸我兒機警，以牙還牙說他父親是財主，把他唬住了。）這事幸未發展開來，因為他們在教會學校，那時還不十分親共。（不然我們兩家將兩敗俱傷了。）我的同事們，大都有此種新聞，大部分為惡的都是家中的人，自相檢舉。阮壽榮，《錦灰集》，頁 105。

8. 阮壽榮，《錦灰集》，頁 80-81。

9. 阮壽榮記述：我們居住的地段，在大陸難民湧入以前是一片荒地，它在山上離馬路很遠，不在警察巡邏範圍之內，也沒有水電供應，我們每天得自己去打水，到鎮上去買物品，附近都是臨時蓋的木屋，鄰居們都是貧農或大陸難民。阮壽榮，《錦灰集》，頁 155。

10. 阮壽榮記述：我永遠忘不了有一次意外事件，它險些傷害了我妻兒的生命 …… 我到山下時風雨已更大了，我祇得彎腰而行，上山的路已無人跡，而且泥濘難走，我像蝸牛似的一寸一寸的前進，到了一

座木橋前見到木板已全被吹掉了，我祇得踏著木樁，跨步過去，其艱難情形是可想而知的，我過了小河大吃一驚，見到我妻兒二人，撑了雨傘蹲在地上，混身是水，她說他們本想到車站接我，已經在雨中等了一小時了，我笑著說他們真傻，一路上假裝輕鬆說這好像是一場水上活動。阮壽榮，《錦灰集》，頁 156。

11. 阮壽榮一家於 1952 年 6 月 26 日上午搭乘前往臺灣的怡和輪，係憑蔣宋美齡夫人核准的入境證才能進入臺灣。阮壽榮，《錦灰集》，頁 157-160。

12. 阮壽榮來臺原盼於海關復職，但被「政府凍結人事」為由拒絕，即使曾獲蔣宋美齡夫人授意海關，亦無結果。1952 年 12 月，時任財政部長嚴家淦指派阮壽榮擔任財政部專門委員，於秘書室處理英文事務。阮壽榮，《錦灰集》，頁 419-420。

13. 李家同為臺大電機系學士，美國加州大學柏克萊校區電機博士，歷任靜宜大學、暨南大學校長。著有《讓高牆倒下吧》、《陌生人》、《幕永不落下》等書籍。李家同，《李家同為臺灣加油打氣 ：臺灣值得我們驕傲》（臺北：五南，2016）。

14. 郭軔生於 1928 年，為國立臺灣師範大學資深教授退休，以「新視覺主義」理論揚名國際藝壇，並獲得西班牙皇家藝術學院院士殊榮。郭軔，《宇宙藝客 ：郭軔精品展》（新竹：國立新竹生活美學館，2013）。

第二章

沐博雅之風

就讀東海大學點滴

我是很重視睡眠的人,晚上九點就要睡
覺,還喜歡打籃球,喜歡參加教會活動,
幹嘛要拿 90 幾分?我最大的優點之一就
是很會分析,像第一圈、第二圈跑第一
名的長跑選手,到後面常常都被淘汰,
所以不用急,急什麼?

1. 徜徉學術之海

1957 年，臺灣還沒有高速公路，大家都坐火車，從臺北到臺中如果搭每站都停的慢車，大概要六、七個小時。東海位在大肚山上，搭公路局的車子到火車站也要半小時，當學生又沒錢，坐慢車也無所謂，我常常早上十點從學校出發，下午六點以後才回到臺北的家。

我是東海大學化工系第三屆學生，當時東海共有九個系，除了最大的化工系收四十人，其他系各收二十人，每屆新生共二百人，我入學時全校才六百個學生，老師卻有上百位，師生比大概是全國最佳。剛開始東海採小班制，算是小型精緻的貴族學校，有點像國外很多基督教的 Liberal Arts College，這些學校以文理學院為主，重視信仰、做人和家庭式的教育。

80 分主義

東海校園很大很空曠，風沙很大，女孩子外出都要帶個頭巾，後來種了很多相思樹，沙塵狀況就好一點。很有名的路思義教堂，我讀書時還沒蓋，我們都在中正大禮堂裡做禮拜，運動場和體育館倒是很早就蓋了，籃球、足球、硬式網球、軟式網球都有。東海圖書館很有特色，是當時國內少數的開架式圖書館，學生可以自己查目錄找書，找到了就直接借閱，不像其他圖書館要請館員幫忙取書。雖然掉書比例較高，書也容易被破壞，但開架

式還是很好的規畫，只是素養需要慢慢提升。

東海文、史、哲領域很強，文學比較出名，老師都是一流的，因為當時臺灣特別需要理工人才，所以加了化工系。當時大家很流行念工科，最實際的好處就是有獎學金，或者出路比較安定，只是東海理工系所資源就相對一般。我們化工系有位老師，每次上課前二十分鐘都在發牢騷，比方抱怨學校把化工系放在理學院，經費和化學系差不多之類的事，正課反而草草了事。

有一次我實在受不了，就舉手說：「老師，我知道你受很多委屈，可是我們是來上課的，能不能開始上課了？」他聽了有點不高興，才終於開始上課。我爸爸常說看團體照，我永遠都站在最後面的角落，他覺得我太不夠衝勁，其實我有時候很大膽，也蠻敢講的。我認為老師是來上課的，發什麼牢騷呢？這樣不夠敬業的老師很多，現在學生應該比較敢講，當年其他同學都只是乖乖認分坐在下面。

東海規定學生要唸兩年英文，入學時全校新生要參加英文測驗，依照成績決定要上哪一級英文課程。考完後公布結果，我可以直接唸二年級英文，表示我英文還不錯。這個教育制度很靈活，我那時候就很得意，可是學校裡很多女生以為我是二年級，等我唸到大四，很多人就在傳：「他怎麼還沒畢業啊？被留級嗎？」真是氣死我了，不過其實我真實年齡也夠大了。

在東海的前兩年我過得很愉快，一直都是「大考大玩」，還趁考試沒人搶籃球場，一個人去練球。我平常成績都維持第三、第四名，也沒想要拿第一名，結果大一某次考試居然拿了第二名，心裡還有點不大習慣。班上有個想搶第一名的同學跑來問我：「阮大年，你要搶第一名嗎？你要搶的話，我就不跟你爭了。」其實我都是迷迷糊糊，也不打算加入戰場，就讓有興趣的同學去搶第一名、拿獎學金，因為我是「80分主義」！

假如唸書二個小時可以考 80 分，想考 90 分的話，也許就要四個小時，100 分大概就要唸到天亮了。這樣苦讀到半夜，還要

阮大年（右）與同學於行政大樓前合影，二樓即為校長室，阮大年自己從沒想到以後會當上校長在裡面上班。（圖片來源：阮大年）

死背，最後還不一定考得到高分，那我何苦呢？還是拿 80 分就好了。我是很重視睡眠的人，晚上九點就要睡覺，還喜歡打籃球、聽音樂和參加教會活動，幹嘛要 90 幾分？我最大的優點之一就是很會分析，像第一圈、第二圈跑第一名的長跑選手，到後面常常都被淘汰，所以不用急，急什麼？

琴聲「別具風味」

勞作教育和通才教育也是東海的特色，勞作教育主要就是整理校園，像擦窗子、掃廁所或在學校餐廳分菜和洗碗，千金小姐一樣要做。大一、大二勞作教育各修一學分，每星期二小時，和軍訓課一樣不修就死當不能畢業。我在家裡雖然不太需要做家事，反正勞作課輪到我就去做，曾在學校餐廳廚房洗過碗和掃過廁所，也沒覺得什麼大不了。教務處有些文書工作比較輕鬆，可以去登記志願參加，我是很懶的人，就讓學校隨便分配。

在東海，我最喜歡的並不是化工系的課，而是通識課程，類似現在的「博雅課程」。東海特別強調通才教育，當時和很多國外學校合作，找來很多很好的老師。大一功課很滿，大二才開始選修通識課程，一學年又分成哲學、藝術、音樂和宗教四個單元。理工科系選人文素養類通識課程，人文科系學生就選理科的通識課，學些基本物理現象、科學與人生或邏輯學。

印象最深的，是學校請到一位蠻有名的音樂家來教古典音

樂，他講解「展覽會之畫」這首曲子，是自己先用鋼琴彈奏一個
段落，再介紹每個段落的情節和出現的人物，不管形容牛拉車的
步伐還是兩個人互相追趕的情節，真的是「繪聲繪影」，把很抽
象的古典音樂講得非常具體又生動。當然這類課程不是每個人都
有興趣，我本來就喜歡古典音樂，所以特別喜歡通識課。

　　後來我去了中原和交大，也把通識課程帶了過去，增加更多
這類課程。我很喜歡博雅教育，可惜現代人的生活重點都不是博
雅，現在更講專精，要努力進取爭第一，在衝突競爭裡取得勝利。

阮大年（左三）與大學同學合照。（圖片來源：阮大年）

事實上，很多人基本常識都不夠，很容易變成愚蠢的迷信或者「一窩蜂主義」，完全反其道而行。

因為我爸爸是圖書館長，我還修了圖書館學。文學院很多人選這門課，化工系大概只有我，真的是「行有餘力，則以學文」！只是老師有點重女輕男，女生成績都 80 分以上，我拿了 78 分，已經是男生裡面最高分了。東海文學領域的師資很強，我也選修過詩詞課，有位蕭繼宗老師，[1] 後來當了正中書局負責人，講解描述詩詞的功力就讓我印象很深。

我很喜歡詩詞，只有懂一些皮毛而已，就好像音樂，我不大會玩樂器，但是會欣賞。有的人每天練習演奏八、九個小時也不見得 Enjoy（享受），因為音樂變成了工作，所以我常說最聰明的人或最懶惰的人才只會欣賞，就像我唸理工，卻不一定喜歡科學工作。

我雖然很少碰樂器，但是會吹口琴，以前看大姐在教會自學鋼琴，我也跟著學會彈一些簡單的和弦與聖詩。上了大學之後有點零用錢，我就用省下來的錢買了把小提琴，可是也沒錢找老師學，就自己看一些書來練，有時候還跑到廁所去拉琴。同班同學林克光常跟我一起在廁所練小提琴，我在畢業冊上寫：「他的提琴也有一手，其聲韻有與眾不同的滋味，因為，是在 W.C.（廁所）中練習出來的。」想必我的小提琴也有「不同味道」！

有位東海第一屆的學長韓國鐄，[2] 他非常喜歡古典音樂，喜歡到後來搞音樂去了，在樂壇還小有名氣。他那時候跟學校爭取到一個房間，又買了些唱片，我沒事就跑去那裡聽古典音樂，真的很過癮。學長還弄了個古典音樂猜謎比賽，我居然拿了第一名，這是我在東海唯一的上臺領獎經驗。我當時就已經很喜歡我太太，很希望她會注意到我得獎，可惜她完全沒有印象。

2. 緣結大肚山

東海規定全部學生都要住校，吃住睡全在學校，戶口還要遷到學校，家長名字就登記當時的吳德耀校長，所以校長的「子女」很多，真的是「以校為家」。宿舍是一小間住四個人，裡面四張單人床，書桌和衣櫃都有。我媽媽第一次陪我到東海，她不只覺得校園很荒涼，還覺得宿舍怎麼「那麼慘」！我倒覺得還不差，這已經是當時大學最好的宿舍了，因為東海是才開始的新學校，只是我自己不太喜歡群居而已。

第一年宿舍是由學校按照姓氏英文字母順序分配，我和師大附中的同班同學「孫猴」孫允中剛好住在一起，第二年大家就可以自己找室友住。我覺得第一年跟室友相處得很好，第二年也沒想要找別人，可是他們居然偷偷摸摸想找其他人住。我從來沒想到我會被「丟掉」，心裡想他們也太不夠意思了吧！後來他們才說：「對不起，不是你不好，是大家的生活習慣不一樣。」

原來是我每天晚上都會泡杯牛奶再配個麵包，吃完以後九點就上床睡覺，而且我有個壞習慣，喜歡在全黑的房間裡睡覺；我室友他們都是要 K 書到晚上十二點的人，變成他們得配合我九點關燈。後來大家妥協一下，他們可以開書桌檯燈讀書，我晚一點睡，其實也只晚二十分鐘而已，他們只好認了。

陽春俱樂部

那時候學生少，男、女生宿舍各有一間餐廳，住宿伙食費大概一個月 300 塊，平均一天才 10 塊錢。大家是不大滿意啦，有時候也會貼大字報抗議，比方說為什麼女生宿舍伙食比男生宿舍好？結果學校解釋，因為男生飯吃得多啊！

菜單也常常被抗議，例如吃的號稱是白飯，可是裡面會有稗子之類的雜質，我們就說這是「雜色白米飯」。當時有「醬油蛋」吃已經算不錯了，可肉類都是肥肉，還能多薄就切多薄，好像透明玻璃紙一張，我們都說是「透明肥肉片」，再配上只有蔥在裡面游泳的「蔥花游泳湯」。我們吃飯前要閉眼睛禱告，很多人禱告完就發現餐盤裡的蛋不見了，所以同學常開玩笑說我都是用手抱著餐盤禱告。其實我禱告很快，禱告都只說了「感謝神」就趕快睜開眼睛，因為怕蛋被同學搶走。

念大學時我平均一個月會回家一次，媽媽常會滷個蹄膀幫我「進補」，我到現在都還記得那個味道。回宿舍時，大家都會帶

些辣醬之類的東西，因為我家不吃辣，我大多是帶八寶炒醬，吃上一個禮拜沒問題。我們七、八個同學，經常去福利社點最便宜的陽春麵，然後自己帶東西加菜，還自稱是「陽春俱樂部」，搞得福利社老闆不大喜歡看到我們，畢業紀念冊上也寫了這件事。[3]

當時臺北市中山北路靠圓山一帶有美軍顧問團，就是後來搬到大直的美軍俱樂部，我大姐認得一些朋友可以在顧問團福利社買到外國東西，常常會給我些糖果餅乾帶回學校。像巧克力和水果口味的瑞士糖，這些零食在當年都很珍貴，我就會把它們藏起來，每天偷偷吃一顆。室友們也很厲害，尤其是孫猴，有時會偷吃我的東西。我發現東西被偷吃，也不好意思講，因為是自己小氣藏起來的，這才真的是「啞巴吃黃連」！

大姐偶爾會買一些很漂亮的、比較流行的衣服給我，不過吃的東西我比較寶貝，衣服我倒是無所謂，我不大喜歡很花俏的東西。二次大戰以後很流行穿「香港衫」，就是下擺不用紮到褲子裡的短袖襯衫，有些男生會弄包新樂園香菸放在胸前的口袋，還隱約看得到裡面破洞的汗衫，我們就會說這是「土包子」。那時候還很流行把一種透明的尼龍絲襪叫做「玻璃絲襪」，墨水筆、自來水筆也慢慢被原子筆取代。

孫猴和我的身材差不多，他看到我的衣服那麼漂亮，就很愛穿我的衣服。他喜歡流行音樂，特別喜歡貓王，還買了套貓王的衣服，我們就叫他「東海貓王」。我和孫猴個性南轅北轍，我不

像他喜歡跳舞，我比較喜歡古典音樂。其實孫猴人很好，有一次學校加菜，我吃了螃蟹之後食物中毒，半夜裡還來不及拿臉盆出來，就吐得寢室地板到處都是，後來還是他很細心地幫我清理。像這種地方他就比我好，我很怕髒啊，如果今天吐的是他，我大概會離得遠遠的。

大學時期唸書對我來說好像是「副業」，除了每個禮拜四晚上的學生團契，其他天我都有不同的活動，比方當時有些年輕的美國大學畢業生會到東海實習，晚上我們會一起坐在月光下的草地上彈彈吉他、唱唱民歌，真的很享受。我因為長期參加教會活動，什麼「行話」都會講，大二又被選作學生團契主席，偶爾團契還會去孤兒院做些愛心工作。一般團契活動會分成很多小組，大家可以分享自己的近況，很多「戒酒會」就是向團契學習成員間如何互相幫助。所謂「道不孤」，罪也不孤啊！

禮拜天晚上我還會去一位外國老師家參加查經班，後來又加入學校唱詩班，每週至少練唱一個晚上，禮拜天早上獻唱，巴哈、海頓、韓德爾、孟德爾頌的作品我們都唱過。因為我唱得不錯，偶爾還需要獨唱幾句，雖然壓力大，可是在學校馬上就很出名。再加上自學小提琴，後來還參加東海的小小弦樂團，有空又去音樂室聽交響樂，差不多每天晚上都有事。

詩班每年寒暑假還要到各地教會演出，比如臺北市羅斯福路的懷恩堂，南部就是去基督教長老教會比較多，到了臺南大家就

會去買「棺材板」這些小吃當宵夜。我們教會本省人多，大家會練一些臺語歌，我才知道姓「阮」原來這麼好：因為臺語的「阮」就是「我」和「我們」的意思，唱詩班動不動就說上帝「祝福阮」、「恩待阮」，大家都在讚美「阮」，「阮」這個姓真好！

愛裡沒有懼怕

在東海前兩年，我大部分時間都花在唱民歌、唱詩班和團契，當然教會或詩班裡有些很不錯的女生，但是我還沒有那種強烈的感動想要去追求。東海有國外來的老師，那時候很流行跟他們國外學校的年輕學生做筆友，我記得曾和一個女孩子當筆友，常常用英文寫信，但最多也就是這樣了。

我們化工系男生下課的時候，大家習慣坐在教室外面，對經過的女生品頭論足。我這個人很會取外號，還會幫女生亂取什麼「吉林三寶——人蔘、貂皮、烏拉草」的綽號。東海常常有風有雨，我們就會笑那些幫女生撐傘的男生，好像孝子一樣沒出息。表面上是自得其樂，實際上是酸葡萄心理，心裡好羨慕他們有人陪著一起唸書。

大三時有天我坐在圖書館前看著參加新生訓練的女生，突然一個女生讓我眼睛一亮，原來她是經濟系的新生王少帆，我對她真的是一見鍾情。東海校園裡有個郵局，每個學生有一小格信箱，我沒有交過女朋友的經驗，就常常傻傻地寫了信投到她的信箱，

內容大概就是「很想認識妳，希望我們做個筆友」之類。我自以為在學校裡還蠻出名的，沒想到她毫無印象，居然把我的信貼在佈告欄，問這個寫信的阮大年是誰？

當時為了怕作弊，學校會把學生集中在大禮堂考試，如果看到她剛好一起考試，我就會趕著第一個交卷，說穿了就是 Show off（炫耀），希望她注意到我，結果她也沒發現。顯然當時上帝只感動我，沒有感動她，難怪連我妹妹都受不了說：「哥哥啊，你太老實了，你這樣交不到女朋友！」明明都在學校，可以當面去講，還做什麼筆友啊！

現代人大概很難體會，臺灣當時大學生少，女大生又更少。東海以文學院為主，女生比較多，但以全校來說還是少數，所以我總覺得當時女生有點被寵壞了，普遍姿態比較高一點，而且學校裡有蠻多人都喜歡王少帆。聖經說：「愛裡沒有懼怕！」完全真心的愛，是可以去除恐懼的，反正一直到畢業之前，我都是死心塌地繼續追她，可是她都不愛理我。最後她還把我寫的信全部退回，居然被我爸爸看到，弄到我自己都覺得很丟臉。

我的同學在畢業冊上面寫我：喜古典音樂，古典美人，一日三餐食量甚少，蓋以「少飯」不忘大陸同胞也，對女孩子與宗教一樣忠誠，不「上」則已，一「上」即釘定一人。那時候我們都把追女朋友叫「上」，所謂的「少飯」、「釘定一人」指的就是我追王少帆的事。畢業之前，我還做了最後一次努力。

阮大年學士照。（圖片來源：阮大年）

阮大年夫人王少帆學士照。
（圖片來源：阮大年）

同屆畢業成績比較好的同學都準備出國唸書，我大概是第三、第四名畢業，還沒決定要不要出國，系上是希望我留下來當助教。我想再確認一次王少帆對我有沒有興趣，如果她對我稍微有點意思的話，那我就留下來做助教，彼此可以好好認識。

有天我就跑到她家，我說：「當完兵以後，系裡面希望我做助教，做助教的話我就還可以見到妳，妳覺得我該留在學校，還是出國？」沒想到她很爽快地回答：「當然出國啊！」那我也認了，就暫時把她放下，邊當兵邊準備留學考試。

過了幾年我們交往後曾問過她，她說當時對我沒厭惡感，可是也沒什麼好感，因為看我一天到晚都跟那個喜歡唱歌、吊兒郎當的孫猴混在一起。女孩子們雖

然也喜歡貓王，覺得男生愛耍寶很好玩，可是並不會考慮交往。她那時候沒有明講，我也沒機會解釋我跟孫猴個性不一樣，真的是孫猴害了我！

我也曾跟她講：「哎，王少帆，如果我們早點認得多好！」她講得倒是很實在：「早點認得，可能畢業就分開了！」好像也是這樣，很多情侶在學校跑了四年，畢業以後就趕快分開，真的結婚的倒是不多。

東海學生少，大家幾乎都認得，只要向某人表達好感，好像就不能改了，不能追了這個再追那個，至少在東海這是大不韙。以前還沒有公筷，我們都說談戀愛就好比用筷子夾肉，不能夾過這塊又換另一塊，很不禮貌。現代人比較無所謂，多認識一些人是好事，從一而終反而有點危險。

3. 「弱雞」從軍記

1959 年大二升大三的暑假，政府宣布大專男生要接受暑期軍事訓練，[4] 那時候成功嶺場地設備還不夠，我們東海學生就分配到臺中太平的車籠埔基地受訓兩個多月。受訓沒多久就碰上八七水災，連營區寢室下層床鋪也都快要淹水，大家只好躲在上鋪吃早餐。有一天輪到我去廚房領饅頭，拿回來時我整個人摔到水溝裡，全部的饅頭都掉到水裡，真的很慘。

我還記得另外一件事，就是營裡宣布兩、三天內會實施半夜「突擊警報」，集合時最後一名的人就倒楣了，所以那幾天好多人都打著綁腿睡覺。到了警報那天晚上，我怎麼樣都找不到上衣，沒想到是被別人搶走了，我只好穿最後一件別人搶剩的、某某同學的衣服，幸好我也不是最後一名到集合場。

　　後來營長宣布：「第一名阮大年！」原來是搶走我上衣的某某同學得了第一名，還辯說是我先搶了他的衣服，他才會穿我的衣服。我跟長官說：「如果我先搶了他的衣服，那我就是第一名了，怎麼他會是第一名？一定是他先穿我的衣服啊！」就這樣才真相大白。我後來對人就有點不信任，也不大講真心話，因為人生一路走來，好多人會為利出賣你。可是如果心不正隨便害人，我也相信善惡終有報。

填志願當縣長

　　1961 年 6 月我從東海畢業，當時大專生人數少，參加過大專集訓的話，不用再參加考試就可以當預備軍官，我和幾位成績比較好的同學，被分發去當第一屆「戰地政務」的政務官，要先去北投復興崗政工幹校受三個月預官訓。報到時他們知道我是化工系，居然還說「化工跟政工差不多」，真是有理說不清。

　　那時候預備軍官選員應該還有點省籍觀念，外省籍學生似乎多一些，當然他們也想找功課好的學生來「造就」。像我們一進

政工幹校，他們就說蔣公要增加八百名政工，將來反攻大陸成功，可以去當各省底下的縣長，我們可以先「填志願」。我的祖籍江蘇吳縣早就有人預訂了，我就隨便寫了要當黑龍江省某個縣的縣長，很有意思。

「戰地政務」其實是從美國軍中牧師制度學來的，但是蔣經國不想要宗教，反正就是搞政治不搞宗教，是個專門管思想控制的單位。以前應該都是國民黨員擔任政工的職務，所以我們也被強迫要入黨，一開始我還很勇敢地說：「哪裡有強迫的，我不想入黨我就不入！我又不要什麼中山獎學金，我是基督徒，不要靠人家好處！」我自己有一大堆理論，叫得最響。

後來他們就來軟的，說國父和蔣公都是博愛的基督徒，國民黨還是很重視當年的「民有、民治、民享」啊！一講到國父我就心軟，因為我外祖父也有參加革命，他們就說這是「一脈相承」，並沒有要給人好處和強迫入黨。結果我的同學都還搞不清楚狀況，第一個被說服入黨的就是我。

至於受訓內容，大概就是革命和中日抗戰歷史，或者國父遺教、蔣公訓詞，還有國民黨的觀念等等，都是比較正面的內容。這些我看過就能及格，不會浪費很多時間，所以那三個月也過得蠻快的，週末還可以回家，除了我常去學校旁邊一家牛肉麵館，其他的就沒什麼印象了。

9 月結訓後，我分發到剛從外島輪調回臺灣的「龍虎部隊」當連幹事，曾跟著單位在苗栗待了大概一個月，其他大部分時間都在南投，也沒去過外島。我們單位裡很多是大陸來的職業老兵，人都很好，我和他們比算很年輕，從來沒有人會找我「輔導」，他們輔導我可能還比較多。

阮大年（右四）服役期間返家與父母家人合影，約攝於 1962 年初。（圖片來源：阮大年）

政工的任務是要記錄官兵的思想狀況，不過我也沒記什麼，反正大家沒什麼不好的思想，也沒什麼好的思想就是了。反而是我的上級連指導員寫了我一些小報告：「阮大年這個人很好，就是有點『嬌生慣養』，吃饅頭有時候皮還剝掉不吃。」我吃飯確實有點壞習慣，看到硬的或者濕濕的部分我就不吃，沒想到他都記得。後來我連升兩級做到營指導員，看到別人給我的評語也覺得好笑。

和別的部隊演習對抗的時候，大家就會叫我去探聽消息，因為江浙人皮膚比較白，再穿個睡衣，看起來活像個「死老百姓」，當間諜最好了。一開始他們也有點看不起我，可能看我長得像「弱雞」一樣，有次全部隊要繞著整個營區競走，我也就這麼迷迷糊糊地走，沒想到居然拿了第二名，他們才開始覺得我的體能還不錯。而且我籃球打得很好，雖然看起來是「文弱書生」，之後大家對我就比較尊重。

還有一次，我們在南投市到日月潭之間行軍，整整走了三天三夜，半夜也要起來走，只要一休息，躺下去馬上就能睡著，哨子一吹又繼續走，真的累得要死。我那次已經走到昏頭，居然邊走邊睡，整個人掉到路旁的山坡下。還好山坡只有一公尺深，否則就真的摔死了，後來就自己爬起來回部隊去了。

最孤單的平安夜

有個和我同單位的義務役少尉，他覺得跟我比較談得來，就每天跟我訴苦，常常叫苦連天；我說也沒那麼慘，我一點都不覺得苦。我8歲以前過得比較苦，真的是「生於憂患」，到了臺灣以後的日子，比較起來真的好得很。

我的營區在南投郊區，周遭很荒涼，不過走路十多分鐘就可以到南投市，走另一條路還能到中興新村。如果從營區走鄉間小路去中興新村，遠遠望過去，我都覺得中興新村好像天堂一樣。和南投市比起來，中興新村熱鬧得多，除了省政府在那邊，還有很多眷村，小吃很多也很合我胃口，我有空就會到那邊逛逛，省得吃饅頭還被人嫌。

下部隊那年聖誕夜，連唱平安夜的機會都沒有，我心裡很不舒服。正好那天晚上我不用輪值，就到南投市區去繞一下，逛到晚上八點多，看到有間教會正在做禮拜，我趕快進去跟著唱平安夜。大概是因為我穿著軍裝吧，那時候老百姓對軍人好像還有點忌諱，都盡量敬而遠之，教會的人也不理我，反正唱完聖歌就散會了。

我到臺灣的時候，二二八已經過了幾年，現在都是強調本省人受害，其實本省、外省人兩方面都受到很大傷害。我曾聽教會弟兄說，當時虧得有個本省人朋友對他很好，把他關在自己家裡

三天，否則一出去被發現「聽嘸」臺灣話就會被打，被打死的人也是有啊！那個時代很痛苦，可是我來到臺灣，覺得一般本省人個性都很敦厚，也很和平，尤其南投更是淳樸。所以那個聖誕夜我離開教會的時候，心裡特別有感觸，怎麼教會也不認我，連基督徒也怕軍人，那種感覺還蠻孤單的。

部隊裡除了演習，偶爾會有些活動，平常其實沒什麼事。我們單位裡又都是老兵，不是成功嶺這種新兵受訓單位，值班以外我還有很多時間準備留學考試。我的營長是個文人，國學修養很好，也很會寫文書，我通過留學考以後就對我說：「我平常覺得你好像讀書沒恆心，一下看你在看英文，一下你又在看中文，一下又在看哪一科，好像心不定，居然你也考得上！」

我覺得他是不夠了解我，看完了專業的化工，有時候就看看輕鬆一點的國文，我等於自己在休息，沒想到營長認為我不專心。顯然他就是 100 分主義，一次只能專攻一項，可是他不了解，其實留學考的科目很多，當然他也是好心提醒我。

當時為了配合國外入學時間，只要通過留學考，就可以提早一個月退伍，讓你去申請國外的留學簽證，雖然政府是為留學生著想，不過也算是一種特權吧。我是 1961 年 6 月入伍，1962 年 7 月就要到美國，只服役十一個月就提早退伍。原本當兵數饅頭覺得很慢，突然一下子就退伍了，接下來就忙著準備出國唸書。

註釋

1. 東海大學第三屆畢業紀念冊記載，蕭繼宗時任中國文學系副教授兼系主任，專長國文、各體文習作、楚辭、詩詞選。東海大學，《東海大學第三屆畢業紀念冊》（臺中：東海大學，1961），頁 108。

2. 韓國鑛畢業於東海大學外文學系，1959 年起任臺灣省教育廳交響樂團小提琴團員，1974 年獲西北大學音樂史博士。2003 年自北伊利諾大學退休後，又任教於肯塔基大學數年，現已退休。「臺灣音樂群像資料庫」：https://musiciantw.ncfta.gov.tw/people?uid=2&pid=157，擷取日期：2023 年 7 月 2 日。

3. 阮君，性敏悟，曾作「屁」文行世，因以聞名，幼時因感世事變化萬端，乃獻身基督，為唱詩班名男低音，壯年與友好數人組織「陽春俱樂部」，每於週末談一週絕事，君常妙語如珠，令人噴「麵」。東海大學，《東海大學第三屆畢業紀念冊》，頁 225。

4. 大專學生暑期集訓兼有「學校軍訓」與「預備軍官入伍訓練」雙重任務，民國 48（1959）年 6 月行政院發布《大專學生暑期集訓實施辦法》，並於當年暑期假國軍臺中成功嶺基地實施第一梯次的大專學生暑期集訓，民國 88 年 2 月停辦。《大專集訓實施辦法》於民國 94 年 6 月 15 日廢止，總計 40 餘年成功嶺大專集訓共召訓 133 萬餘人。教育部教育年鑑編纂委員會編，《第七次中華民國教育年鑑》（臺北：教育部，2012），頁 113-117。

第三章

負笈萬里續奇緣

留美光陰

回想起來，我都懷疑上帝是不是在開我
玩笑？我已經死心放棄了，祢又把她送
到我宿舍？世界那麼大，美國那麼多學
校，祢還把她「限時專送」到我家，真
的比瓊瑤小說情節還曲折！

1. 再見只爲再遇見

在我那個年代，所有出國唸書的學生都要通過留學考，[1] 內容包括共同科目和自己的專業科目。除了政府留學考，還要有語言能力證明，東海是教會學校，有英文查經班這類的活動，加上學生成績也都不錯，美國大使館就說東海畢業生不用再考英文。

我這輩子很奇怪，很多人要寫一大堆信到處去申請學校，我是幾乎沒寫過。東海大學理學院長 Dr. Landolt，[2] 我們都叫他「懶惰」老師，我常到他家查經，他大概覺得我的英文還不錯，他回國前跟我說，如果出國可以去他的學校。後來我決定要出國了，也沒申請其他學校，就迷迷糊糊就先到了 Dr. Landolt 的學校：美國 Texas（德州）Austin College（奧斯汀學院）。

我是 1962 年 7 月出發前往美國，出國當天要到松山機場搭飛機，爸爸媽媽、家人、同學和教會朋友來送我，還弄個花圈給我戴，好像拜拜的豬一樣，就差沒含個柳丁。以前的人也很含蓄，連爸爸媽媽都只跟我握手，也沒有擁抱，我記得爸媽還說：「不知道能不能再見面？」

當時要出國留學，需要出示一筆保證金給美國政府看，確認你有辦法支付學費、生活費；家裡是想盡辦法湊足了保證金和機票錢，我也確實還不知道什麼時候能回來。畢竟很多人出國後就會留在美國賺美金，然後做「美國人」的爸爸（按：指在美定居生子），回國反而會覺得不好意思，好像很丟臉似的。

美式生活初體驗

一上了飛機，看到平常很少吃的牛排也沒胃口，我反而開始掉眼淚。臺灣人很奇怪，不大會表達真情，痛苦的時候裝禮貌，該快樂的時候又痛苦；美國人就相反，分別的時候抱著哭，到飛機上就很快樂地吃飯。我是到美國之後才學會，對父母的愛要講出來，該擁抱就擁抱，跟媽媽還有什麼「男女授受不親」？

我記得那時候搭的已經是大飛機了，不過還是要先飛日本、關島、夏威夷才會到舊金山，下了飛機再轉搭灰狗巴士，經過 Dallas（達拉斯）才能到 Austin College 的所在城市 Sherman（謝爾曼）。我和一起出國的同班同學林文彬，[3] 兩個人在中途巴士休息站聊得太開心，沒注意到即將開車的廣播，等我們發現的時候，車子已經開走了。幸好站務員打電話請下一站把我們的行李留下來，我們也改搭下一班車，整整花了三天兩夜才到 Sherman，真的很累。

東海學生英文已經算好了，可是日常會話的敏感度還是不夠，車站廣播當然也不會叫阮大年、林文彬趕快上車，我們才會錯過發車時間。有次我去餐廳點早餐，想點個兩面都煎、蛋黃生一點的荷包蛋，連 Over-easy 都不會說，這都是臺灣英語教學不夠實用的地方。所以我回臺灣以後都會先教日常用語，免得吃飯都有困難。

Texas 是面積比較大的州，他們常說自己的蚊子比人家的鳥還大，那裡也是比較保守的地方，當時黑人搭巴士都是坐在最後面的座位，廁所還分 Color 和 White（有色人種與白人專用）。一開始我覺得很混亂和不合理，也有點打抱不平，我就會故意去 Color 的廁所，還會去黑人餐廳，沒想到他們並不歡迎我。我曾問過指導老師這個狀況，但即使他是白人基督徒也講求民主，還是認為區分黑白種族是當地傳統。他們則把留學生當成是 Guest（客人），用白人廁所或到白人的地方都沒有問題。

Texas 地方大，學校也很多，規模最大的是 UT（University of Texas，德州大學奧斯汀分校），另外一個公認的好學校就是 Rice University（萊斯大學）。美國還有很多小型但很優秀的 Liberal Arts College（文理學院），在 Texas 最好的就是 Austin College，唯一的缺點就是沒有研究所。原來 Dr. Landolt 希望我先來習慣和瞭解 American Life（美式生活），把英文變得更好，還可以修一些高分子這類臺灣沒有的 Postgraduate（研究生）課程，等同於在研究所修課，第二年再轉到其它學校去拿碩士學位，學分一樣承認。

在 Dr. Landolt 的好意安排下，我和林文彬先住進學校宿舍，但是我們並沒有住在一起。大概上帝知道我喜歡音樂吧，學校安排了一位叫 Pep 的音樂系男生當我 Roommate（室友），學校裡又有很多活動和音樂會，他只要覺得好的音樂會就帶我去聽，所以

在 Austin College 的生活過得很快樂。

Pep 家境很好，他家在 Texas 有個大農場，在美國的第一個聖誕節，就邀請我去他家，我才知道外國人聖誕節要吃水果蛋糕。一起吃蛋糕之外，每個人都會收到聖誕禮物，不管拿到什麼禮物，都要說："Oh, that's what I need!"（太棒了，正是我需要的禮物！）我收到的禮物是 Pep 送的大號襯衫，明明袖子長到要捲起來才能穿，我也不免入境隨俗讚美一番，有點肉麻但是很好玩。

我是花花公子？

我拿的是免學雜費的 Offer（入學許可），而且有獎學金，到美國後就趕快把保證金還給爸爸，可是生活費得要自己賺，我還去學校的郵局分信和餐廳打工。[4] 因為我是第一次在餐廳打工，也不曉得要把碗倒扣再放進洗碗機，我這個外行人就把全部的碗通通碗口朝上擺，洗完以後所有的碗裡都裝著滿滿的水。還好廚房的主管很幽默，看了哈哈大笑，只叫我再重洗一次，現在想起來連我自己都覺得好笑。

美國有種 Record Club（唱片俱樂部），只要每個月買一張唱片，一年買十二張以上就送一臺小唱機，還有兩個分離喇叭，已經可算是 Stereo（立體聲）音效了。我用打工存的一點錢，每個月都買張古典樂唱片，很過癮啊！記得第一張唱片是蕭邦的圓舞曲，我在國外幾乎聽的都是那幾張唱片。等到第二學期我和林

文彬就搬出學校，在 Dr. Landolt 家旁邊租了棟小房子住。旁邊還有間露天的 Drive-in Theater（汽車電影院），兩、三個禮拜換一部電影，我們沒有車也還是可以看免費電影。

Texas 教會的人對留學生很好，有對一起做禮拜的 Beale 夫婦，一開始就帶我們去 Shopping（購物）和認識環境，或者請我們去教會分享一些臺灣的事情，放假也會邀我到他們家玩。我那時候還不死心，偶爾還會寫信給王少帆，順便寄些巧克力、果汁、水果罐頭當禮物，這些東西又重、郵費又貴，我還是傻傻地買。Beale 太太知道我送禮物是要追女孩子，還很熱心地幫我買一些放在衣櫃或抽屜裡的香氛包寄回臺灣，沒想到又害到我。

這箱禮物寄到臺灣以後，王少帆的媽媽──也就是後來的丈母娘對我印象不好，認為我一定是個「花花公子」，要不然怎麼知道女生會用香氛包這種東西。王少帆認為我們化工系學生都土土的，還不至於很花心，但是後來她寫了一封信給我，裡面的兩行字我都背起來了：「大年同學，謝謝你寄來的禮物，我一切都好，希望以後不要來信了，敬祝學安。」她大概邊寫信邊吃巧克力吧，信紙上還有巧克力的印子。「是可忍，孰不可忍」，我也就認了。

傷心一陣子以後，我發現教會唱詩班裡有個叫 Ginny Maddox 的紅髮愛爾蘭女孩子對我特別好。Ginny 很有愛心也很有教養，很照顧外國學生，常常和我們一起參加教會活動，或者

開車出去玩。可能她看我一個人吧，有時候會主動說要幫我燙襯衫長褲，我都很不好意思，可是也很感動。我心裡常想：「這是上帝給我的考驗嗎？我要不要順服呢？」經過一段時間的相處後，我們慢慢有了感情的基礎，我才決定順服上帝的旨意。

交往後我們感情進展蠻快的，光是看我拉個咿咿呀呀的小提琴，就說："For that, I will marry you."（單憑這個，我就願意嫁給你。）我寫信回家，爸媽倒是很開通，還做了一件旗袍送給她。可是我跟她爸爸見過一次面，他卻一直認為我是日本人，覺得美國人是跟日本人打仗的，不贊成我們交往。就算解釋了我不是日本人，可惜她爸爸層次不高也不懂歷史，一直講不通。

2. 幸福宅急便

當時理學院獎學金比較多，我到 Austin College 就改唸化學，學期末還得到 Dean's List 榮譽。Dean 就是教務長，只有每個系裡前幾名的優秀學生，而且成績大概要平均 3.5 分以上才能在「教務長的名單」裡。美國的評分制度中，A、B 分別代表 4 分和 3 分，我修的四門課裡就拿了三個 A 和一個 B。我的無機化學成績很好，Dr. Landolt 說 North Texas State University（北德州大學）有位無機化學專業的教授跟他很熟，很不錯也很有名，就把我推薦給這位教授。

我本來想去 Rice University 或其他學校，Dr. Landolt 的想法就比較實在，不像臺灣人只喜歡加州大學柏克萊分校、史丹佛這些名氣大的學校。所以到美國的第二年我和林文彬就轉學到 North Texas State University，從 Sherman 搬到離 Dallas 更近一點的城市 Denton（丹頓）。林文彬唸比較熱門的有機化學，研究 Carbon 碳化合物，比如人造橡膠、塑膠這些高分子材料。我唸的無機化學就相對冷門，研究物理學相關的葡萄糖左旋、右旋這些領域，後來我博士班才會唸和物理比較有關的材料科學。

　　因為從 Austin College 轉了一些學分過來，我在 North Texas 只要再修一些學分，寫完論文就可以拿到碩士學位了。我這個人本來是 80 分主義，能 70、80 分混過就好，但是我的指導教授很嚴格，他覺得我應該可以做得更好。我記得他還問過我："Is that the best you can do? You can do better!"（這就是你的極限嗎？你可以做得更好！）就是他的這句話，逼得我用功了一陣子，也好好地認真做實驗，最後論文我覺得寫得還不錯，到美國第二年就把碩士唸完。

　　以前美國的 State University（州立大學）大概有種不成文規定，就是只有碩士課程沒有 Ph.D.（博士），後來當然已經不太一樣了。我當教育部次長的時候，North Texas State University 改名 University of North Texas，也有 Ph.D. 學程了，我曾邀請校長和我的 Advisor（指導教授）來臺灣演講，還收到一張上面印新

校名、編號第一號的碩士證書留念。

愛情快遞到府

我搬到 Denton 這段時間發生很多事情，其中一件大事就是 1963 年 11 月 22 日，美國總統 Kennedy 在 Dallas 被槍殺。當時我和 Ginny 還在一起，她也曾開車來看過我幾次，後來她突然好一段時間沒有出現。我收到信才知道她被爸爸關在精神病院，想說服她不要跟我交往。最後她只好再寫封信，說我們還是恢復主內感情，就當教會的弟兄姊妹吧！我當然很傷心，沒想到在我們分手之前，王少帆居然到了美國，而且也在同一個城市。

王少帆因為在東海時常去旁聽建築系的課，她就想著要到美國唸室內設計，剛好看到 Denton 的 TWU（Texas Woman University，德克薩斯女子大學）有 Interior Design（室內設計）課程，學校還給她免學費的 Offer，她就來了。和我同屆的杜維明，[5] 他妹妹杜維滇是王少帆的大學室友，她曾跟王少帆開玩笑說：「妳去 Texas 說不定就碰到阮大年。」王少帆那時還認為我人在 Sherman 不在 Denton，所以說「不可能的啦，是不同的城。」

當時 Denton 只有小機場，她想著杜維滇正好在 Texas 的 Austin，那裡離 Denton 好像也不遠，就先飛到 Austin。其實從 Austin 搭巴士到 Denton 也要四、五個小時，杜維滇的先生在 Huston 的大學讀研究所，他的教授又認識我在 North Texas 的老

闊，他們並不知道我們認識，只知道都是臺灣留學生，就說好先把王少帆送到我的宿舍，再想辦法送她到 TWU。

那時候我是和另外一位同學在校外合租房子，我室友很會做菜，不像我只會煮罐頭湯，好像永遠都吃不膩。我常常邊聽蕭邦 Waltz 圓舞曲的唱片，一邊煮罐頭湯，回臺灣以後只要聽到那音樂，就好像會聞到罐頭湯的味道。我只知道有個叫 Emily 的臺灣女生要來 Denton，我還叫室友在家裡等她，順便煮些菜歡迎她，我出去買一些麵包、火腿、罐頭湯。沒想到我回家一看，我才知道王少帆叫 Emily，她也才知道我已經不在 Sherman。

回想起來，我都懷疑上帝是不是在開我玩笑？我已經死心放棄了，祢又把她送到我宿舍？世界那麼大，美國那麼多學校，祢還把她「限時專送」到我家，真的比瓊瑤小說情節還曲折！不過王少帆剛到 TWU 的時候，我還沒和女友分手，我甚至跟室友「推薦」王少帆，勸他可以去追求。不到一個月，我的異國戀情被「否決」了，我室友也還沒正式展開追求，雖然對他有點不好意思，我還是決定再給自己一次機會。

後來我寫了封信給王少帆，說我對前女友是真感情，但是我們已經分開了，我還是喜歡王少帆，希望可以繼續追求她。一開始她不理我，後來從她朋友那邊才知道，她是因為我說喜歡別的女生才不理我。我真的搞不懂，妳自己說以後不要來信，我就聽妳的話，而且對方真的對我很好。難道不管妳喜不喜歡我，我只

能永遠喜歡妳一個？原來女生看法和男生真的很不一樣！

我們結婚後還有一個例子：我很喜歡哼哼唱唱，有一天發現少帆在生我氣，原來是因為歌詞："I dream of Jenny with the light brown hair……"，她以為我又再想 Ginny 了。我再三解釋歌詞說的是 Jenny 而非 Ginny，最後才過了關。

二叔公的面試

女生在國外生活很辛苦，買菜什麼的一定要有人陪著或開車，王少帆就常常找我室友幫忙，剛好我室友也有點喜歡她。有次下大雨，她大概故意要氣我吧，就找我室友陪她去郵局辦事情。我這個人是這樣，如果要追就會好好追，她雖然不理我，我還是跟在後面，他們有傘我沒拿傘，有點苦肉計的感覺，很丟臉！

她慢慢地就釋懷了，也願意接納我，交往之後我們感情還蠻好的。可是幾個月以後，她覺得 TWU 的室內設計不是她喜歡的方向，就轉學到加州 Oakland （奧克蘭）一所 Arts and Crafts （藝術與工藝）學校。她轉學後住在她二叔公家，地址裡有個 Fairview，Fair 有漂亮美麗的意思，我雖然開玩笑說她住在「景美」，但是心裡也覺得糟糕了，很怕她會被別人追走，我怎麼樣都一定要跟去，就急著申請學校。當時我 GRE 考得不錯，數理和專業科目百分等級 99、語文 29，我還認為一般學校應該都會收我。

可是我從來沒申請過學校，只知道加州大學柏克萊分校，寄了申請書卻被拒絕，史丹佛的難度更高，我根本就沒有申請。後來我自己翻了化學期刊，知道洛杉磯 USC（University of Southern California，南加州大學）有位教授要找 Inorganic 無機化學方面的研究生，我就寫信過去，對方教授也很爽快地歡迎我。我本來以為洛杉磯離舊金山很近，原來坐飛機還要一個小時，除了用電話或寫信聯絡，有時候我就去舊金山看她，她偶爾也會來洛杉磯看我。我還請在舊金山唸書的李家同、沈彼得、趙民德[6]、趙志煦這幾個同學輪流陪她，幫我「看住她」。

因為王少帆是經濟系畢業，要補很多學分，大概唸兩年才能拿到碩士，我們遠距戀愛一年多之後，李家同就勸她：「妳趕快去洛杉磯吧，你們結婚算了，在這裡我們很辛苦啊，我們要一直看著妳！」我也建議她轉學到洛杉磯的 Arts and Crafts 學校完成學業，她才點頭同意暑假 6 月先結婚，下學期再辦轉學。

我們結婚以前還有段小插曲：我岳母讓王少帆的二叔公來「面試」。二叔公是在美國住很久的老華僑，他們孫子年紀都比我大，有的很傑出當醫生賺了很多錢。他們看我還是一個窮學生，也不知道我在唸什麼，就站在錢的角度跟我岳母說：「這男孩很好，可是還可以找到更好的。」

他們說的也沒錯啦，但是我想要幫自己爭口氣，就寫了封信給岳母表達抗議：「我認為找學術界或者教會資歷深的人沒話說，

找老華僑來審核我，這個我不大服氣！」我的個性比較急，凡事也要講道理力爭到底，我太太就比較溫和，她覺得我們已經決定結婚就好，不用急也不用跟我岳母吵。

終於，1964 年 6 月 19 日，我和王少帆在美國結婚了。

阮大年、王少帆婚訊剪報。（圖片來源：阮大年）

阮大年與夫人王少帆在美成婚留影，後方伴郎為高中同學李家同。（圖片來源：阮大年）

結婚典禮與師大附中 41 班同學合影，左起趙志熙、趙民德，右起沈兆復、馮乃梁、李家同。（圖片來源：阮大年）

3. 追隨韓偉腳步

　　結婚之後我們想去找醫生諮詢，原本準備計劃一下，不要馬上生小孩，可是這個醫生的生意很好，看診要排到一個月以後，結果一個月以後我們再去，醫生說不用檢查了。我嚇了一跳，還以為我們其中一人有「不孕症」，沒想到醫生說我太太已經懷孕了，也不用做什麼規劃了。當時我的腦中一片空白，我們才第一個計畫就失敗了。

1964 年阮大年夫婦於 LA 家中合影，當時夫人已懷有長女數月。（圖片來源：阮大年）

這下子我太太就很氣，表示她不能繼續唸書了，我們偶爾吵架的時候還是會提起這件事。後來她就沒去申請洛杉磯的學校，決定暫時休學，結果「暫時」就變成了「永遠」，停下來以後要再復學也很難，所以她為我的犧牲真的很大。後來我在 USC 拿到 Ph.D. 學位以後，學校還頒給她 Ph.T.（按：Putting Hubby Through，協助丈夫完成學位的榮譽學位），算是個小小的補償。

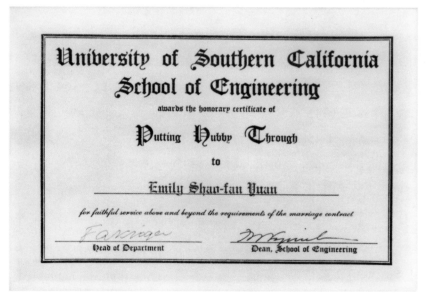

USC 頒贈王少帆夫人之 PHT（Putting Hubby Through）榮譽學位證書。（圖片來源：阮大年）

轉攻材料科學

一開始我在 USC 唸的是無機化學，每個月獎助學金只有 250 美元左右，單單靠我的獎助學金，家裡經濟壓力很大；雖然我太太娘家蠻有錢，她也不願意靠娘家，只好去外面工作。那時候很多這種情況，一般都是讓先生繼續唸書，當然太太繼續唸，先生去工作的也有。後來她被一家保險公司錄取，負責計算保險費的內勤工作。因為外國人數學很爛，保險費永遠搞不清楚，我太太的上司還常常拜託她幫忙教教同事，可惜薪水也沒太多，一個月 300 多美元。

剛好那陣子 USC 開始發展 Materials Science（材料科學），也不是研究傳統的金屬材料，而是最新的半導體等高科技材料；當時全美才五間大學有材料科學相關研究所，USC 大概排名第三，師資也很有名。我看到 RA（Research Assistant，研究助理）每個月有 450 元助學金，而且有位 F. A. Kröger 教授是從 Imperfection（不完全化學）切入材料科學領域，我就改跟這位教授做研究，家裡也多了些收入。

Kröger 教授很資深，是從荷蘭到美國的 Philips 工作後再到學校教書，算是這方面的權威。因為材料科學是很新的學門，加上我是無機化學背景，要補很多半導體、Quantum Mechanics（量子力學）這類物理課程，還好我們臺灣學生不怕唸書，博士班期間我大概又多念了兩年書。如果我那時跟著年輕的 Advisor，可

能會被逼著趕快多寫論文早點畢業。Kröger 教授倒是不急著趕我畢業，他也很少管我，過一陣子才會聊一下進度，生活也就過得比較自在一點。

學校雖然有提供宿舍給 Married Couple（已婚夫妻），因為登記申請來不及了，我們就搬到月租 100 多美元的公寓。兩個人都有收入的情況下，偶爾週末我們還可以到外面吃頓飯，有一次看到報紙介紹洛杉磯十家最有名的餐廳，我們就計畫每家去吃看看。一般學生吃飯花 1、2 美元買個漢堡也夠了，就算去餐廳吃好一點，不論中西餐廳都在 30 美元以內。我心裡還想著，這十家餐廳再貴也貴不到哪裡去，剛好第一名就在我太太公司附近，我們就從第一名的餐廳開始。

我記得那是家法式餐廳，一進去就發現最便宜的一道菜要 15 美元，我們兩人就算吃最便宜的菜色，也要 30 美元，甜點當然是不可能點了。我身上大概只有 20 多美元，我太太也沒帶幾塊錢，結帳肯定錢不夠，當時也沒有 Credit Card（信用卡），我只好假裝有很重要的事情臨時離開；幸好法國菜吃得慢，我才能趕快開車回家拿錢。現在想起來很好玩，不過窮也有窮的快樂，她也很少因此對我抱怨。只是她唸的是室內設計，住的地方就得要照她的想法。

美國人很流行把家裡不用的小東西拿出來拍賣，我們結婚後搬新家要買家具，我跑去隨便逛逛，看到一組音響很便宜，我就

很開心地買回家。我覺得看不見的音樂，遠勝過看得見的物質，比方音樂可以充滿全家，沙發就是占了個角落而已，結果被她唸了一陣子，我心裡還是有點抱歉啦！[7]

後來結婚紀念日的時候，我買了個洗碗機，結果我太太說這不是送給她的禮物，只算是我們「需要」的東西。其實是我很怕洗碗，也是很自私啦！像買家具的時候，她比較務實，會買音響的人比較浪漫；但是買禮物的時候，我又太務實了，應該要買女生平常捨不得買的、她需要的禮物。所以婚姻裡很多事情不見得有好跟壞，需要相處也需要磨合。

以傳道心情回臺

1965 年 5 月 22 號，我們美麗的「不速之客」大女兒文蕙出生了。美國人好像生產完過兩、三天就回家，不像中國人很緊張，還要做月子，幸好有些查經班的朋友會送一些豬腳或者過來幫忙照顧。我不會煮飯，只好每天去學校自助餐廳買飯，每次都買兩份；負責分菜的員工後來知道我太太生小孩，都會多加很多菜給我，他們真的很有愛心。

頭幾個月我們自己顧小孩，一開始還覺得餵奶當奶爸很好玩，可是女兒常常半夜哭得很厲害，我們要一直抱著，拍到她睡著。很多事情現在回想都覺得很簡單，可是留學生壓力也很大，又沒人幫忙，說句玩笑話，有時候真想把小孩丟到馬桶沖掉算了。

長女文蕙（約 11 個月大）於租屋處
留影，後方即為家中最好的家具「電
唱機」。（圖片來源：阮大年）

　　大女兒週歲左右，我們帶她去 USC 旁邊的玫瑰公園玩，她
採了一朵小花送給我，我真的好感動，女兒的第一朵花就送給爸
爸，難怪說女兒是爸爸前世的情人。女兒小時候好像都比較喜歡
爸爸，因為爸爸寵啊，也不太管。媽媽管教的責任感比較重，可
是女兒長大以後又喜歡媽媽多一點，會跟媽媽聊天。在國外因為
沒其他人幫忙，換尿布這些工作我都要做，回臺灣以後小孩的事
情我就比較不管了，上廁所這些幾乎都是交給太太處理。

　　生了小孩後日子就慢慢安定下來，我家也常常開放給查經班
聚會，有留學生或親友來美國我們也會幫忙接送飛機，或者大家

一起聚餐、去 Disneyland 玩，好像在做僑領的工作一樣。因為我一副不急著畢業的樣子，等到我累積了兩、三篇 Paper（研究報告、論文）之後，連我的 Advisor 都催我畢業了。

碩士讀完直攻博士大概五到六年可以拿到學位，我在 USC 先念一年有機化學，轉到材料科學後再唸四年，等於碩士加博士唸了七年。唸書對我來說不是問題，就是英文口語表達相對較弱，還好最後順利通過口試，在 1970 年 9 月取得博士學位。當時我並沒有急著離開學校，一方面要參加畢業典禮，一方面還有幾篇 Paper 要收尾，等於在學校又多待了一學期。我常覺得上帝安排得很好，我回臺灣之後沒太多時間做研究，因為這幾篇 Paper 才讓我後來能夠順利升等教授。

還有一件事情，我覺得也是上帝的安排。我畢業前一年，美國經濟特別好，很多公司都到我們系所來徵才，我研究的是固態電池，適合應用於太空科技。芝加哥有家很大的研究機構 Argonne National Laboratory（ANL），主要研發原子彈、武器和航太科技，我都還沒畢業，就希望我畢業能去上班。結果我畢業那年，美國經濟蕭條，這些公司都不主動來學校聘人了。

就在我不太想去芝加哥，也不太習慣到處去找工作的時候，臺灣的中山科學研究院正好想發展材料科學，知道我在美國學習材料科學，就很積極地派了材料研究所的人員來美國找我。[8] 中山科學院是軍方研究機構，但是那時候規定只有每個禮拜三和週

阮大年博士畢業典禮與長女文蕙合影，1971 年攝於 USC。（圖片來源：阮大年）

末可以回家，平常要住宿舍。那我又是自由慣了的人，雖然薪水比臺灣的大學多一倍以上，可我覺得不大喜歡，一直沒有點頭。

　　當時臺灣的報紙上刊登了一件很了不起的事：韓偉博士放棄了賓州大學的 Permanent （終身教職），帶著三個小孩回臺灣，接任中原理工學院院長。[9] 韓偉回臺灣後又到處寫「禱告信」發給校友、教友，有點像號召傳教士到非洲醫病一樣，看看有沒有高學歷的基督徒願意以傳道的心情回臺灣。韓偉認識我，知道我快要畢業了，就直接寫信給我。

長女阮文蕙與岳家所贈新車合影。（圖片來源：阮大年）

　　韓偉的精神讓我很感動，我就問太太願不願意回臺灣？臺灣和美國不同，美國人無論做什麼事，都習慣夫妻一起出席，臺灣無論校長或教授都是一個人開會，很少攜伴參加，以後我們只能各自活動了。我原本以為她會不願意，沒想到她居然說好，可能是她家也希望她回臺灣。而且我媽媽怕搭飛機不敢出國，我也曾答應媽媽唸完書要回臺灣，我們就這樣帶著大女兒，在 1971 年暑假離開美國，回臺灣到中原理工學院任教。

註釋

1. 教育部於 1916 年訂頒《選派留學國外學生規程》，規定學生出國留學，皆須經考試及格始得成行。1976 年，政府基於國家經濟建設及學術研究發展需要，宣布全面停止自費留學考試。「國家教育研究院辭書」：https://terms.naer.edu.tw/detail/a8728497ed61d76bdf0474 4129c386ba/?startswith=zh&seq=1，擷取日期：2023 年 3 月 1 日。

2. 藍德樂博士（Dr. Landolt）於 1957 年擔任東海大學理學院第二任院長，1960 年任期屆滿歸國。當年度工學院成立，化學工程系與新設之建築工程系合為工學院。東海大學，《東海大學第三屆畢業紀念冊》，頁 215。

3. 林文彬 1961 年畢業於東海大學化學工程系，美國北德州大學有機化學碩士、美國田納西大學物理化學博士，Polytronix Inc 公司創辦人，後回臺擔任碧悠電子、碧悠光電總經理。李兆華，〈碧悠電子要做 PDA 面板霸主〉，《今周刊》，2001 年 2 月 1 日，https://www.businesstoday.com.tw/article/category/183015/post/200102010028/，擷取日期：2023 年 8 月 14 日。

4. 阮壽榮曾記述：大年自幼讀書從不需我補習 …… 大學畢業後自找美國獎學金，臨行時我只給了旅費及美金二千元保證金。他到美國因知保證金是我借來的，立即寄回，以後從未向我要過濟助，憑自己工讀至讀到博士學位後，在美與中山王竟岸先生長女少帆結婚成家。阮壽榮，《錦灰集》，頁 207。

5. 杜維明畢業於東海大學中文系，在哈佛取得碩士與博士學位後，曾任教於普林斯頓大學、加州柏克萊大學、哈佛大學，並於北京大學、臺灣大學、香港中文大學等校講授儒家哲學。杜維明，《現代精神與儒家傳統》（臺北：聯經，1996）。

6. 趙民德爲美國加州大學柏克萊分校統計博士，1982 年回臺籌設中央研究院統計學研究所；趙民德亦爲業餘小說家，曾出版《飄著細雪的下午》一書。趙民德，《飄著細雪的下午》（臺北：九歌，2007）。

7. 阮大年曾記述：爲讓孩子有更多空間，小小的客廳家具盡量減少（反正也沒能力買太多），唯一爲女兒買的，是一臺不錯的二手唱機，關起門來，有音樂聲和嬰兒的哭笑聲，這才是眞正的家啊。阮大年，〈家有喜事〉，《拾穗雜誌》第 4 期，466 頁，1990 年 2 月，頁 10-11。

8. 阮大年學成後即聽父親阮壽榮先生勸告回國服務，阮壽榮先生曾拜託嚴家淦先生介紹中山科學院工作，一切手續都已辦妥，但最後選擇與韓偉博士一同工作。阮壽榮，《錦灰集》，頁 208。

9. 韓偉生於 1928 年，國防醫學院醫科第 49 期畢業。1955 年考取教育部生理學科公費，前往美國賓州大學攻讀神經生理學，1960 年獲得生理學博士學位後，回臺履行公費生服務義務，爲公費留學返臺服務者第二人。1966 年至 1968 年間，韓偉再度返回美國任賓州大學副教授、獲終身教授等職位。

韓偉出身於基督教家庭，1969 年返臺接任中原理工學院院長一職。任期間，韓偉廣邀海外華人學者返臺任教、推動建立醫學工程系，爲臺灣教育界之創舉，後於 1975 年出任陽明醫學院院長。張筱梅編撰，郭文華審訂，《篳路藍縷：從打石場到陽明醫學院 》（新竹：國立陽明交通大學出版社，2023)，頁 72-73。

1984 年 3 月韓偉發現腦瘤，8 月 4 日辭世，從發病至離世僅約 140 天，享年 56 歲，收錄於〈掀動海外學人回臺的韓偉〉，《大使命雙月刊 》 第 67 期，2007 年 4 月，http://www.globalmissiology.org/gcci/Chinese/b5_publications/GCB/2007/Apr/07_Apr03.pdf，擷取日期：2023 年 7 月 28 日。

第四章

大膽衝撞制度

從中原到教育部

做 Useful 有用的人，研究研發則要時常
更新 Update，還要 Upgrade 超越自己，
也要能和別人 United 團隊合作，最後要
做 Unique 有特色的自己，這「五個 U」，
等於是我人生的 Guideline。

1. 第一志願到中原

中原理工學院是美國賈嘉美牧師帶了一筆經費，找了張靜愚和吳伯雄他們叔伯這些桃園地方望族創辦的基督教大學。[1]1971年韓偉接任中原院長，他是醫科出身，和理工學院董事會的觀念不大一樣，很希望能對學校進行改革。他做事風格比較硬，算是「大哥型」的人物，常常說：「我的肩膀夠寬，董事會我來跟他們吵，有些事你們不用管，好好做就對了！」所以我都叫他韓大哥，和他也比較多話可以聊，常常一起去打籃球。

要過窮日子了

韓院長對中原很有心，幫中原建立很好的基礎，1972年他還在中原設立了臺灣第一個醫學工程系，希望連結理工和醫學領域。1975年他到國立陽明醫學院當院長，一直很希望把陽明改制為大學，同時想辦法擴大規模和專業領域，1994年陽明醫學院改制為陽明大學，算是初步實現了他的理想。我後來到交大當校長，也期望能增加文學、藝術甚至生物科技、醫學院，那時候覺得這個「夢」有點太遙遠。2021年陽明大學和交通大學合校成立「國立陽明交通大學」，兩位前校長的夢想都達成了，我真的覺得與有榮焉！

韓院長另一個理想，就是希望基督徒不要一直想著非要留在美國，唸完書能夠回臺灣貢獻所學，我算是第一個響應他的呼召。

我一到中原，他就抱著我說：「喔，終於回來一個了！」慢慢回來的人也多了，像鄭士昶和尹士豪都是那個時期回國的，大部分都是基督徒，有的是中原校友。[2]

　　我在 1971 年回國後，才發現我們是以 Missionary Teacher Program 聘用，也就是類似傳教士的等級，薪水大概不會太多。我回國之前也沒問，領薪水的時候才知道只有新臺幣 4,000 塊，等於我博士班每個月 450 美元助學金的 1/4，中山科學院當時開的薪水條件大約新臺幣 1 萬塊。韓院長很好玩，當年吃牛排的地

中原理工學院運動會留影，時任化工系主任，約攝於 1973 年。（圖片來源：阮大年）

方不多，每次有人回國任職就會請大家吃頓牛排，然後說：「以後你們要過窮日子了！」

後來韓院長跟董事會力爭，把國外回來的教授薪水加倍調到8,000塊，這樣也比較合理。可是很多本地的教授就眼紅了，用高標準來盯著我們，認為我們國外回來的教授要強調研究，或者每星期一定要在學校五天，他們倒是教完書就可以回家了。幸好慢慢大家相處變得比較融洽，後來還有升格大學的共同目標，反而成為學校裡一股革新的力量。

1971 年我到化工系就已經是副教授，1972 年我接了系主任和兼任訓導長，1973 年順利升等為教授。在中原當系主任那幾年還蠻愉快的，不算特別忙碌，學生也算喜歡我，我還會陪著學生參加畢業旅行。中原化工系當時聯考分數比東海化工系低，畢業旅行我就特別帶學生到東海參觀化工系實驗室。因為我知道，東海實驗室還是用我們當年唸書時的設備，想給中原學生一點信心，知道中原發展得還不錯。

當時中原學生心態上相對自卑，尤其和中央大學比較的時候，像他們就有兩座體育館，中原卻一座也沒有，政府也不補助興建。當然私立學校應該要自己努力，本來國家也沒有絕對的責任。我曾問學生：「有誰是第一志願到中原的？」沒想到學生們全都哈哈大笑，還說：「有誰會第一志願到中原嘛？」我說我從國外回來，中原就是第一志願，結果學生還以為我是沒地方去。[3]

我接著又問學生：「你們將來準備做什麼？有沒有人喜歡當老師？」學生還是哈哈大笑說：「做老師？沒有這麼潦倒吧！」學生們後來還給我點面子，說教授和老師比算很不錯了，不過那時候認為賺錢重要的人確實比想當老師的人多。

　　我的老同學李家同到現在還經常寫文章，他認為臺灣應該多一些老師，要多強調基礎科學。我當時的想法也很類似，覺得學生想法怎麼那麼差，老想著要發財、要做官、要選舉，沒人在乎基礎科學。現在想想也對，如果有錢也有好的觀念，願意為老百姓做事的話，應該遠比我和李家同更有力量、對社會貢獻更多。總之上帝對每個人自有不同的帶領，知道什麼路適合你。

最年輕的大學校長

　　值得一提的是，韓偉院長和包括我在內的歸國學人，我們在國外基督教會裡認識很多在當地成家立業的臺灣年輕父母，他們很少機會帶小孩回國，卻不希望小孩和臺灣的連結斷掉。韓偉院長就決定為海外10至15歲臺裔中學生舉辦夏令營，由中原免費提供宿舍，時間大約兩個星期。

　　照顧三十多位中學生真的很辛苦，雖然孩子們都有保險，出事的話後果也蠻嚴重，而且大部分事情都是靠我們幾對教授夫妻和幾位本地基督教友完成，不只責任很重大，我們的膽子也真的很大。因為怕孩子們吃不慣，韓偉夫婦和我太太除了找位廚師幫

忙做菜，還會去買一些水果、漢堡回來，我太太也常常用她家公司的車子幫忙接送。跟這些辛苦的太太們相比，我也做不了什麼事情，只能算是在旁邊乘涼了，偶爾去演講一下而已。

雖然部分工作人員可以領些車馬費，不過多數人都是自發性地出錢又出力。只是活動在暑假舉辦，開放宿舍、校園多少會增加學校職員工作，難免會聽到一些抱怨，最後活動也只辦了一年，因為實在是太辛苦了。可是這種活動很有意義，等於讓孩子們了解中國字來源、中國功夫這些中國文化，也有機會認識臺灣。後來有了救國團，或者政府提供補助，海外高中、大學生假期回國參加活動也漸漸形成一種風氣。

當化工系主任那幾年，除了向學校爭取化工系的權益，我也認為應該要用更廣的角度來看事情，所以習慣站在學校的立場來思考問題，而不是一天到晚批評學校不公平。或許我比較能體諒學校的困難點，1975 年韓偉院長準備轉任陽明醫學院首任院長，就推薦我參加中原院長遴選。雖然當時董事會還有其他屬意的院長人選，最後還是由我當選，我當時 39 歲，是臺灣最年輕的大學院校校長。

我和韓偉院長曾經在中原運動場邊拍過一張「交棒」的照片，可惜照片已經找不到了；後來我擔任教育部次長，韓偉院長還在陽明醫學院任內，換成我頒證書給他。更不用說幾年後我到交大當校長，以及陽明和交大合校成立陽明交大，人生實在很戲

劇化！讓人很難過的是，韓偉院長這麼不錯的一個人，在陽明醫學院院長任內卻得了腦瘤去世，上帝真的太早接他走了。

　　賈嘉美牧師創辦中原時，非常強調「不賭博、不跳舞、不喝酒、不抽煙」，韓偉院長也很重視這「四不」規條，可是我一直覺得太過 Negative（負面）。我做化工系主任時就認為這些雖然都是好意，但是學生在校不抽煙回家再抽，教官也管不了。我當院長後也和學生坦白講：「做不到的事就不要講！」

阮大年（右一）與韓偉院長（左二）與其夫人（左一）於榮總留影，當時韓偉院長正接受腦瘤治療，約三個月後離世，照片約攝於 1984 年。（圖片來源：阮大年）

我這個人比較講究務實，覺得應該強調「要做什麼」，更贊成人要積極一點、往好的方向去影響別人。像我很希望能提升大學的運動風氣，1976 年中原就和中央大學、中正理工學院合辦運動會，[4] 後來加入中央警官學校和中華大學，變「四中五校聯誼賽」。聯誼賽由幾所學校輪流舉辦，辦得也很不錯，我回母校東海當校長後，也把這種校際運動聯誼的風氣帶到臺中。

拚老命爭升格

在中原服務期間，也慢慢形成我後來經常提到「五個 U」概念：首先要做 Useful 有用的人，研究研發則要時常更新 Update，接著要 Upgrade 超越自己，也要能和別人 United 團隊合作，最後還要做 Unique 有特色的自己；這「五個 U」 等於是我的 Guideline（指導方針）。賈嘉美牧師大概覺得我的觀念和其他人不一樣，留美背景比較容易溝通，也很喜歡我，回中原開會的時候都叫我 Prince（王子），很有意思。還有學生曾經告訴我：「校長，我很喜歡你升旗典禮的講話。」這句話給我很大的安慰，畢竟很少學生會喜歡聽校長講話。

升旗典禮難免會講一些人生道理，畢竟「師者，所以傳道、授業、解惑也」，傳道是應該的，只是我都講得很簡短。如果學生有緊急的事情，就是不參加升旗也沒關係，像有次一個學生中暑了，我當然讓他先離開休息，因為這是緊急的事。很多人都忙

著緊急的事，結果常常把重要的事給忘了，比如人生觀或者信仰，我認為都很重要。後來我經常有機會寫文章，在遠見雜誌等媒體發表或者出書，這些校園裡發生的事都是很好的題材，我就曾用「緊急與重要」為題寫了一篇文章。[5]

　　1979 年前後，淡江文理學院、中國文化學院和逢甲商工學院準備向教育部申請改制為大學。我一直覺得「像什麼就做什麼」，中原辦學並不比這三所學院差，但是也還沒有達到升格大學的標準。以國外的經驗來看，麻省理工學院不比哈佛差，可是它也不叫大學，如果以後臺灣只剩一個中原理工學院，有什麼不

中原理工學院運動會留影，阮大年時任院長，約攝於 1976 年。（圖片來源：阮大年）

好？教授們覺得我的觀念很對，贊成暫時不要申請改制升格，不過大家在校務經營上還是做了很多努力。

在東海唸書的時候，我曾經去中原看過籃球比賽，當年學校裡就是幾棟兩層樓建築，有點像部隊營房。我當校長時經費很少，只能一棟一棟輪流蓋，反正學生優先。從韓偉院長開始一直到我接任，我們就蓋了七、八棟學生宿舍，還有學生活動中心和教室。一些先進的、基礎性的建設也是優先處理，理學院、商學院也都陸續規劃或興建，反正想得到的都盡量蓋。[6]

經營校務不只有硬體建設，軟體部分也很重要。1974 年中原成立企業管理系，1976 年成立國際貿易系和夜間部企業管理系，慢慢朝向設立商學院發展。1978 年中正樓大禮堂落成，我們就把校牧室、心理輔導中心、體育組都搬到大禮堂裡的辦公室，強調「身、心、靈」的平衡；這個理念是韓偉院長提出，由我繼續完成，後來中原稱為「全人教育」。

有一次記者訪問教育部長朱匯森，談到三所學院申請升格大學的案子時，朱部長說教育部會審查辦學績效，辦學夠好的學院才可以升大學。我私下就跟朱部長抱怨這件事，他認為自己只是順口一說，但是這樣一來，如果中原不申請升格，不就表示辦學不夠好嗎？學院雖然只專精在特定領域，其實也是大學等級，辦學好的學院，名字就一定要變成大學嗎？我認為這樣的觀念很奇怪。就因為這樣，我拚老命也要幫中原申請升格大學。

原本教育部認爲中原只有理工學院，學院數量和土地面積都沒達到大學標準，申請時間也太晚了。也許是上天安排吧，正好蔣經國總統曾在巡視十大建設工程的時候，認爲中原理工和臺北工專這些學校畢業的工程人員最多、貢獻最大，我就趁機再和朱部長爭取。我跟朱部長說，中原的學院數不夠，可以增設管理學院或商學院，土地和師資不夠，我們也想會辦法，最後中原還是擠進了申請名單，1980 年四所學院也通通改制爲大學。[7]

2. 科技政策幕後英雄

中原理工學院在 1980 年 8 月 1 日改制大學，9 月我就被「徵召」去「革命實踐研究院」受訓三個月。研究院隸屬於國民黨，那時候政府和黨部覺得需要培養接班人，就集合具有潛力的人才進行「革命教育」。我是第一期「研究員」，其他理工領域專家還有淡江大學工學院院長簡又新和臺灣工業技術學院院長毛高文，當然還有很多文、商、經濟、傳播領域專家和各行各業代表。

改變人生的電話

回到中原後，學校人事出現一些變化：以前中原校長沒有任期限制，後來董事會改成校長任期最多六年。1975 年到 1981 年，我已經當了六年多校長，董事會就安排我第七年「任期屆滿」下臺。憑良心講，我比較會「偷懶」，有人想做事而且做得不比我

革命實踐院結訓結業參訪，於金門莒光樓前合影，阮大年為前排左四，約攝於 1980 年。
（圖片來源：阮大年）

差的，我就會讓他做，就算是校長也一樣。只是我突然「被」任期屆滿，我卸任後董事會又把校長任期改成三年一任，可以連任兩次，等於最多可以做九年，感覺有點「因人設事」。

　　在我的觀念裡，國外大學教授的地位也很高，校長卸任後當教授並不丟臉，沒想到有些教授認為校長回去當教授很丟臉，至少要做個系主任。我既不想降級當系主任，回去當教授的路也被擋住了，就已經做好心理準備要離開中原了。記得有位董事還說

她的女兒在美國是「Postdoctor 超博士」（按：應為博士後研究），
要不要幫我這個博士問問有沒有工作機會？當時我心情還蠻痛苦
的，也沒有找工作，馬上就要失業了。

　　1982 年的畢業典禮上，我對畢業生說：「我也要畢業了！」
學生們聽完都哈哈大笑。我最後還唱了一首聖詩《我知誰掌管明
天》祝福畢業生，歌詞大意是說：我不知明天會如何，明天或許
沒有陽光，但我知道誰掌管明天，我對上帝還是有信心。結果過
沒幾天，我就接到一通改變人生的電話。

　　我爸爸的英文很好，他從 1952 年起就到財政部秘書室工作，
一直都是政府的英文文膽，協助過嚴家淦、李國鼎等好幾位財政
部長，所以李國鼎先生也認得我。當我準備離開中原的消息傳出
來以後，先是國科會主委張明哲希望我能去國科會服務，我還在
考慮的時候，李國鼎先生就打了電話給我。當時他已經轉任行政
院政務委員兼科技顧問組召集人，他說科技顧問組的執行秘書因
病需要休養很長一段時間，問我有沒有興趣接下這個職務？最後
我決定接受李國鼎先生的邀請。[8]

　　1982 年 6 月離開中原校長職務之前，我任內最後一項工程
──女生宿舍發包動工了。我從來沒想過發包工程要拿什麼「好
處」，居然有人向教育部舉報我貪污，說我臨走前還要發包女生
宿舍工程，肯定有問題！真的很奇怪，校政可以不做嗎？在位期
間可以做當然要做，我只管學校要建設的方向對不對，也很注意

防弊，不是為了讓我自己好作弊。後來連董事都看不下去，跳出來保證我沒有貪污。

我到教育部當政務次長後，這些舉報信我都看得到，教育部長李煥對我很好，他們也都相信我不會貪污。有時候我也會想，以前我都太順利了，算是上帝很寵愛的孩子，發生這些事情，大概上帝想讓我知道，人世並不是那麼美滿，也去體驗一下人生的苦難吧！

八大科技推手

李國鼎先生是先當經濟部長，再做財政部長，他的思想很先進，電力能源、電子、計算機這些科技領域知識他都吸收，看法比我廣又比我努力，我非常佩服他。本來他應該會做行政院長，可是他心臟不好，他太太去求蔣經國總統，不要讓他當閣揆，1976 年他就調任行政院政務委員。[9]

1978 年孫運璿擔任行政院長，就請李國鼎先生幫忙推展科技，1979 年行政院科技顧問組成立，是直屬於行政院的任務編組，李國鼎先生兼任科技顧問組召集人，他們兩個配合得很好，所以李國鼎先生做事很方便。李國鼎先生認為「制度就是要改！」只要人事、財務或者其他不對的地方就要改，而不是去配合制度。講起來是有點特權啦，如果是現在早就被舉報得一塌糊塗了，可是當時他們不是為自己謀利，所以大家都稱讚，不像現在很多人

是為自己謀利，完全出發點不一樣。

　　我還在中原的時候，李國鼎先生就開了兩次全國科學技術會議，決定要設新竹科學園區、資策會和推動八大重點科技，對臺灣的經濟影響很大。推動八大科技是當時很重大的計畫，正好呼應了十大建設，像資訊、機械自動化、光電、食品加工、材料都列入重點發展科技，這些都是很有前瞻性的規劃。比較特別的是，以前臺灣 B 型肝炎感染情況很嚴重，所以八大科技還加入 B 型肝炎防治研究。我的專業「材料科學」正好也名列八大科技之一，1983 年我到科技顧問組擔任顧問兼執行秘書，算是躬逢其盛。[10]

　　科技顧問組首先聯絡了國內幾所大學發展不同項目，例如電子和通訊研究中心當然就由交大負責，臺大醫學院負責 B 型肝炎，成大負責機械自動化，清大就發展材料科學。針對八大科技，科技顧問組各自指派了不同的負責人，邀請國外專家來臺指導，還要 Follow up（跟進追蹤）各種帳務、行政事務和發展進度。我除了負責材料領域，也是八個領域的總聯絡人，重頭戲就是每年召開一次的科技顧問會議，要接送、招待各領域專家。

　　當時邀請來臺的顧問幾乎都是美國專家，講得不好聽一些，他們對臺灣的了解不見得比我們深入，例如 B 型肝炎。有些專家對我們的態度就不太好，一副是來「指導」的樣子，把我們當小弟一樣。就像有些醫生以為可以控制人的生死，就把自己看成上帝似的，對這些人我就不會太客氣了，要互相尊重嘛！當然也不

是所有專家都這麼驕傲，在大學裡教書的學者就比較謙遜，像材料學專家就對我很尊重，我們也談得很愉快。

我認為顧問應該是先來了解臺灣，給我們一些 Advice（建言），不是來當上司的。他們帶隊的是 Rockefeller 大學校長，我也當過中原校長，但是臺灣學者講的話好像都沒用，只要外國專家講的話都對，政府官員覺得絕對比臺灣人講的都重要，所以臺灣人也是很媚外！

跟著李國鼎先生做事這段時間，除了推展八大科技，我們還想辦法要把張忠謀請回臺灣。另一方面，我們也培植施振榮、曹興誠這幾位交大校友創辦的企業，更幫助科學園區、工研院這些單位慢慢發展得愈來愈好，可以說科技顧問組是推動臺灣經濟發展很重要的力量。

哲人流風

從李國鼎先生身上我學到很多，他每天都在跟不同的人見面，還要了解科技、了解世界，真的很了不起。有時候他忙不過來，像一些企業工廠開幕的場合，或者對政府部會的演講，我也會代替他出席。李國鼎先生給我很大的自由空間，對我很好、很信任，現在講起來很輕鬆，其實那時候我和其他同仁都被他逼得很緊，做事情一定要很完美。我曾經有一份英文報告，中間錯一個字他都能發現，我已經夠仔細了，他真的很厲害。

聖經有個小故事：一個猶太人被強盜打傷了，兩個祭司和宗教工作者經過，都裝作沒看到就離開了，反而猶太人看不起的撒馬利亞人救了他，還送他到旅店、留下銀子請人照顧他。李國鼎先生是基督徒，他覺得傳統社會強調「五倫」，卻沒辦法像撒馬利亞人，做到「對陌生人的愛」。他認為應該要把對陌生人的尊重關愛變成「第六倫」，也就是實踐「神愛世人」或是國父講的「博愛」，1991 年還成立了基金會推廣「群我倫理」的第六倫理念，這一點我也覺得他很了不起。[11]

　　還記得我的「80 分主義」嗎？千萬不要誤解我只喜歡 80 分，該做的事我一定做好，不會虎頭蛇尾。所以就算李國鼎先生對做事的要求很高，這段時間我還是覺得很輕鬆、很快樂，還找到自己的新興趣——「電視社會教育」。當時簡又新有一個講航空科技的電視節目，我就跟李國鼎先生建議，準備也來做一個講社會議題的電視節目。經過討論後，決定要比照五四運動的「德先生和賽先生」，也就是 Democracy（民主）和 Science（科學），製作「柯先生與紀小姐」節目，談和一般生活相關的科技知識，李國鼎先生也很贊成。

　　我原本建議找簡又新來主持，電視臺就請他來試錄開場片頭，結果他吃了很多次螺絲，這時候製作人覺得我講話口條還算清楚，又是科技背景，就叫我試錄一段。本來我覺得電視臺在跟我開玩笑，我怎麼會主持節目？所以我也沒想太多，隨便講了幾

句，沒想到錄影過程很順利，最後我反而變成主持人。

　　1983 年 5 月 2 日「柯先生與紀小姐」開播，是當年的三臺聯播節目，中視、華視、臺視輪流播一季，播出時間是每週一晚上九點到九點半，很多人就開玩笑說這個「洗澡時間」，不是看我就是洗澡。[12] 李國鼎先生很得意，常跟顧問們說科技顧問組有個電視節目，也認為這是我的功勞，真的很難得。

擔任光啟社製播之「柯先生與紀小姐」節目主持人。（圖片來源：阮大年）

那時候我的小女兒大概小學二年級左右，有一天回家她說：「同學問我，為什麼我姓阮，你爸爸姓柯呢？」表示這節目還蠻有名的，還入圍了 1985 年廣播電視金鐘獎教育文化節目獎。有人說我本來會得獎，只因為有一集談飛機的安全設備，我隨口提到上帝，評審委員認為在科學節目中提到宗教不太好，我倒是覺得這些委員有些太反宗教了。

「柯先生與紀小姐」大概播出一年後結束，1984 年我又在公共電視主持了「科學尋根」節目，用比較生活的方式解說基本的物理和化學。這個節目的後期我就調到教育部，工作比較忙，也沒有那麼自由，播了兩季左右，我就沒有繼續主持電視節目了。

3. 教育沒有不可能

1984 年 6 月 1 日李煥先生就任教育部長當天，他突然來到我在科技顧問組的辦公室，我覺得很驚訝，部長怎麼會來了？李煥部長很禮賢下士，他說自己不懂科技，要請我負責科技教育，想請我當他的政務次長。我和李煥部長沒有什麼淵源，他是因為中山大學教務長的推薦才找到我，我覺得這職位很重要，也很榮幸他那麼器重我。記得有人開玩笑說，李煥部長會找我當次長，他應該是「柯先生」的影迷！

愛護稀有動物

我在中原大學服務這麼多年，對教育當然還是很感興趣，加上政務次長不需要公務人員資格，我很願意去幫他。李國鼎先生當時人在國外，我就用電話和他聯繫，他說這是個難得的機會，他會尊重我的決定。巧合的是，科技顧問組前任執行秘書、同時也是交大校友的吳伯楨身體復原了，[13] 正好可以回來接替我的工作，不會有青黃不接的問題，我最後就決定到教育部服務，6 月11 日宣誓就任。

教育部有三位次長，兩位常務次長負責學術和事務性的工作，一位政務次長負責政策相關事務，[14] 一般的公文我會先批掉，需要部長批示的公文我會先寫建議再上呈。他外面事情很多，部裡事情盡量都讓我管，算是放手讓我發揮，對我很信任。

因為柯先生紀小姐電視節目的關係，我當時也算政府裡面的明星，除了當政務次長，還擔任教育部發言人說明政策。李煥部長不大習慣上電視，大家覺得他有點神秘，有些人還誤以為我是部長。我一開始對記者也沒有防備，有次跟記者閒聊，我說我在上海小學五年級就學開始英語，我覺得很好，可是我也沒有講要實施；結果記者報導說教育部準備要開放小學教英語，最後李煥部長還自己出來澄清。

後來李煥部長私底下跟我說，雖然這是很好的事，可是我們

現在還沒能力實施，政務次長講話要小心慎言，對記者也不要講太多個人意見，談教育部意見就好。但是他也沒有不讓我做發言人，基本上他同意我的觀念，有時候也需要透過我放個氣球，測試一下社會輿論風向。

例如以前有些人沒服兵役就偷偷出國留學，畢業後又不敢回來，怕被抓到要補役期，有一陣子社會就在討論重新開放高中畢業生出國留學。我認為如果高中畢業生已經先盡完服兵役義務，政府沒有理由禁止他們留學，當時卻一定要大學畢業，還要通過留學考，真的管太多了。而且有些人會用當廚師或護士的名義申

阮大年任職教育部時期於參訪行程中留影。（圖片來源：阮大年）

請出國工作，實際上是去讀書，高中畢業生服完兵役想去留學卻不可以，這個真的講不通，出國唸書也沒什麼不好啊！

我是很講求理性思考的人，很多政府禁止的理由，仔細想想其實沒道理，後來也確實開放了，只是過猶不及，最後連國中生都可以留學。我大女兒後來到加拿大生活，她發現很多高中生不上學、整天都在外面混，像這些孩子還不夠成熟又沒有家長管，這樣真的不太好，所以我並不贊成「小留學生」。

總之，不管小學上英語課或者高中生出國留學，這些政策後來都做到了，[15] 只是我那時候講得太早了，雖然講的是個人意見也是實話，可惜先知通常都不受歡迎。有些記者說要好好保護我這個「稀有動物」，其實他們才不會保護我！

不再為頭髮哭泣

1971 年回國時，我的大女兒文薏已經 6 歲，在中原服務期間二女兒文芯、三女兒文蔆和小兒子慕光陸續出生。我常常覺得有點對不起文薏，因為臺灣就學環境跟美國很不一樣。比方在美國托兒所畫畫，畫什麼老師都說好棒，畫紅色樹葉也可以；但是在臺灣，樹幹一定要棕色，樹葉一定要綠色。還有一次小學考試，題目是用「橋、這座、天上、彩虹、像」組成一個句子，我女兒寫「這座橋像天上的彩虹」，雖然不是標準答案，老師也不應該說她寫錯了，後來她一直不大習慣臺灣的教學方式。

文薏的數學不算好，有一次我就說她是美國人，所以數學不好，可是為什麼這麼簡單的題目都不會？弄到她很難過地說：「對，我就是笨、我就是笨！」有陣子她也不太想上學。我真的要跟她說聲對不起，不應該傷她的心，就是因為從小被我罵她笨，才會不喜歡在臺灣讀書。

我到教育部的時候，文薏已經讀高二準備要考大學，隔年大學聯考她意外落了榜。有人問我女兒考上哪所大學？我回答沒考上，一開始他們還以為我亂講，後來居然還說：「證明大學聯考真的很公平！」聯考當然公平啊，可是很多人認為做官的都有問題，就算聯考也有內幕。我是真的清清白白，唯一我比別人多知道的，就是作文的題目，因為政務次長要先看過題目，同意之後再從兩個題目中挑選一個，但是我也不可能告訴我的女兒。

沒考上大學，原本文薏也沒那麼在乎，她說：「考不上無所謂，可是也不必全國都知道！」被媒體一渲染後，她連夜間部也不考了，就去唸了一年基督書院，後來出國唸服裝設計。聯考這件事，文薏也算是「被害人」，她深受其害的還有國、高中男生要剃光頭，女生也要剪成「清湯掛麵頭」的「髮禁」。

1986 年底有一次教育部行政會議，我提出臨時動議，我說美國的青少年每天早上最在乎的事情就是吹頭髮，想要展現自己的特點，美國人還有不同的髮色，臺灣人都是黑頭髮，又要剪成「清湯掛麵」或者剃光頭，女生和男生心情都很不好；而且我四

個小孩，前兩個女兒到國中要剪頭髮的時候，都會大哭一場，希望第三個女兒不要再哭了。

部長原本覺得「有那麼嚴重嗎？」詢問其他同事，大家都認為解除髮禁很困難，來自教官和學校的阻力會很大。最後部長裁示，既然我有興趣，就交給我去推動。[16] 會後我就跟記者講，教育部要推動解除髮禁，我認為「教育的重點在於頭皮以下，不是頭皮以上！」記者也很同意我的看法。後來部長也有點緊張，我怎麼這麼快就宣布了？果然很多保守的人群起而攻之，一大堆人打電話到教育部罵人。

記得有位老太太打電話給我：「阮次長，我很喜歡你的柯先生紀小姐節目，可是這件事情你做錯了，以後國中生、高中生留個長髮，那跟酒家女有什麼分別呢？」我說：「謝謝提供建議，可是如果照您的看法，是不是要提倡現在開始纏小腳？這樣就更走不到酒吧去了！」她大概覺得我不可理喻，也沒話講，就掛掉電話了。

1987 年 1 月教育部跟省市教育廳局開會以後，決定不再用行政命令管制學生髮型，把決定權交還給學校。「髮禁」解除已經超過三十五年了，雖然現在有些私立學校希望繼續維持傳統，對於學生頭髮還是有些規定，但起碼不像當年那麼嚴格了。也因為我推動很多改革，很多人還以為我的後臺很硬：當時政壇流行一種說法，把陳履安、錢復、沈君山和連戰稱為「四公子」，很

多人搞不清楚，還說不要得罪阮大年，因為我是四公子之一。我也懶得解釋，真的是哭笑不得。

要開放也要擇善固執

臺灣的教育制度，還有很多需要改革的地方，特別是教育資源的不平衡，比如偏鄉師資就很難找，器材設備相對較少。我也認為私立大學經費真的不夠，因為教育部限制學費，又不像國外私校有很多基金支持，最後能提供的教學內容也會受到限制。就好比去牛肉麵店光吃麵當然也能吃飽，可是吃不到牛肉，怎麼叫牛肉麵店？應該回歸到市場經濟，減少對私立大學學費的限制，讓私立大學買得起牛肉，學生能吃到真正的牛肉麵。

像國外的公、私立學校都很棒，有些私立學校甚至比很多公立學校還好，就算要多付一些學費，很多人也心甘情願。不過臺灣的家長也有些被寵壞了，稍微調漲一點學費就要抗議，好像覺得偷書不是賊，跟教育相關服務就應該免費，很多觀念真的都需要調整。談到私立大學，有一個算是「劃時代」的小插曲。

我結婚以後馬上就有了小孩，我太太後來沒有唸完室內設計碩士。因為跟著我太太接觸室內設計領域，我認為這是臺灣很需要的創新學門，我在中原當校長的時候，就曾向教育部申請成立室內設計系。但是最後被教育部打回票，理由是臺灣不需要，家具公司就可以幫忙設計了。我心裡不大服氣，畢竟室內設計還是

需要學術研究和理論作爲基礎，當時家具公司很少講究理論。

我到教育部後，一開始中原沒有再申請，因爲懂這個領域的人不多，也少了熱心的人去推動。後來我主動詢問中原建築系主任，請他申請增加室內設計領域，學校才提出申請，我當然也努力幫忙核准，1985 年中原終於設立了臺灣第一個室內設計學系。我常常跟我太太說，雖然她沒唸完學位，追溯起來她可以算是臺灣的「室內設計之母」！

我對教育保持開放態度，可是也擇善固執。像當時很多民間團體和民意代表認爲辦學可以賺錢，逼得教育部在 1985 年有條件開放設立工學院等私立學校。[17] 我認爲工學院需要投資很多設備，絕對不是用來賺錢的，否則只會害了學生。結果太多工學院成立，後來又升格技術學院，現在證明這類學校太多了，品質更是參差不齊。

還有一次各縣市長到教育部開會，希望每個縣市都能有一所大學，那次是我主持會議，我說：「美國的州那麼大，就算面積有幾個臺灣那麼大，往往也只有一個州立大學，臺灣的大學已經夠多了。」部長心裡也知道，不可能每個地方都設大學，所以我很努力在擋，一些專科想升格改名爲學院的申請案我也擋，可是沒有人覺得我是好官，罵死我了！那時候還不覺得，現在十多所大學都招不滿學生，還有大學倒閉，都印證了我的擔憂。

我做事也知道拿捏分寸，比方第一高爾夫球場的案件，當年鬧得沸沸揚揚，有人就說我接受關說。「關說」有罪嗎？要看你「用錢來關說」，還是「用道理來關說」。我的辦公室大門都一直開著，誰來看我都見，確實有人曾因為這個案子來找我，但是他是拿著資料講他的立場，我講我的看法，多點資訊了解細節沒什麼不好，也不會影響我的判斷。最後案子送到會議討論，其他部會不大滿意，當然也就沒通過，我是單純按照規矩來做事。

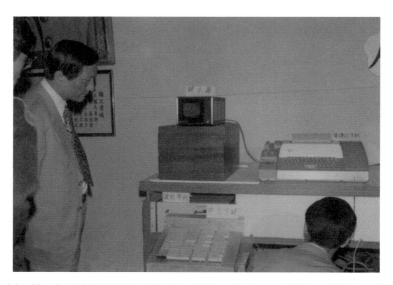

阮大年（左二）任職教育部時期參觀校園「最新」資訊設備，當時顯示器造型尺寸和今日不可同日而語，許多當時流行產品如「電腦打字機」，如今已為時代所淘汰。（圖片來源：阮大年）

也許是我對外界講話的方式太自由、太天真了，想到哪裡講到哪裡，而且在政界往往「多做多錯」，又擋了太多事情，李煥部長一開始很欣賞我，後來有點怕我講太多。有些立法委員可能也不太喜歡我，跑到李煥部長面前「戳壁腳」，就是上海話「講壞話」的意思，說：「阮次長是最不適合做官的人啦！」李煥部長聽多了可能也受不了，有點希望我回大學的感覺。[18]

　　1986 年政府準備成立空中大學，我是籌備小組召集人，一般召集人負責規劃校務，最後都會當校長，我如果要去隨時都可以，可是我不大喜歡和學生隔了一層距離的學校。1987 年我又當中正大學籌備處召集人，本來李煥部長希望我去當中正大學校長，但是後來總統心目中另有人選，我也無所謂。正好交大郭南宏校長在 1987 年轉任交通部長，李煥部長大概也怕我早晚會跟立法委員處不好，問我願不願意去當交大校長，我就這樣接下交大校長工作。[19]

註釋

1. 美籍牧師賈嘉美於 1951 年邀請經濟部政務次長張靜愚共同籌辦基督教大學，獲得中壢仕紳吳鴻森、吳鴻麟、桃園縣長徐崇德等贊助，1955 年 10 月 5 日奉准立案，定名爲「私立中原理工學院」。李宜涯編，《中原 60 恩典之路　中原大學六十週年校慶特刊》（桃園：中原大學，2015），頁 12。

2. 鄭士昶於 1975 ～ 1980 年擔任中原理工學院教務處主任，1980 ～ 1982 年任中原大學教務長。「中原大學教務處」，https://acadm.cycu.edu.tw/%e6%95%99%e5%8b%99%e8%99%95/%e6%b2%bf%e9%9d%a9%e7%99%bc%e5%b1%95/，擷取日期：2023 年 10 月 2 日。阮大年於 1982 年 7 月任期屆滿，中原董事會改聘工學院院長尹士豪於 1982 年 8 月接任校長。李宜涯編，《中原 60 恩典之路　中原大學六十週年校慶特刊》，頁 16。

3. 中原大學工業工程系前系主任王晃三曾描述：1975 年 10 月 15 日中原理工學院建校二十週年校慶典禮上，阮大年院長詢問誰是第一志願進入中原的？全校學生無人舉手。最後院院長指向司令臺上的老師們，表示有很多位老師可是第一志願進入中原的！當時他「志得意滿的點點頭」，因爲他是第一志願選擇中原，也是第一志願選擇加入 IE（工業工程系）的陣營，只是收入少了 2/3。王晃三，《青澀歲月的回憶 —— 那些年在中原工工》（桃園：中原大學工業與系統工程系，2022 ），頁 37-38。

4. 中原理工學院、國立中央大學理學院、中正理工學院三校學生組織決議每年 3 月舉辦「三中邀請賽」，打造三校間傳統友誼活動。首屆賽事於 1976 年 3 月 26 ～ 31 日舉行，項目包括籃球、排球、足球、羽球、橄欖球、棒球、橋藝、棋藝、辯論賽等。〈三中邀請賽緊湊精彩　希建立三校新傳統〉，《中原理工學院院刊》第 83 期，1976 年 4 月 1 日，第 3 版。

5. 詳見席慕容等著，《800 字小語 2》（臺北：文經社，1972）。

6. 阮大年於 1975 年接任院長，任內重大工程包括：1975 年莊敬大樓（4層教室大樓）啓用；1977 年機械館落成；1978 年中正樓禮堂竣工；1981 年自強商學大樓落成。李宜涯編，《中原 60 恩典之路　中原大學六十週年校慶特刊》，頁 15-20。

7. 某次蔣經國先生巡視高速公路施工單位，發現六個工務段段長都是中原校友，且臺中港職員中原校友比例甚高，中鋼也有二百多位中原校友，對國家有如此貢獻，因此敦促儘速升格爲大學。李宜涯編，《中原 60 恩典之路　中原大學六十週年校慶特刊》，頁 16-17。

8. 行政院核定科技顧問組執行秘書阮大年自 1983 年 1 月 1 日眞除，原執行秘書吳伯楨因車禍傷眼需療養，改聘爲兼任顧問。〈阮大年眞除　科技顧問組執行秘書〉，《經濟日報》，1982 年 12 月 31 日，第 2 版。

9. 李國鼎於 1965 年擔任經濟部長，1969 年調任財政部長，1975 年底心臟病復發，治療康復後請辭財政部長，1976 年 6 月奉調政務委員。財團法人資訊工業策進會，《創辦人李國鼎先生簡介》（臺北：財團法人資訊工業策進會，1996 ），頁 40。

10. 「第一次全國科學技術會議」於 1978 年召開，會後推出《科學技術發展方案》，內容包括：建立能源、材料、資訊、生產自動化四大重點科技、設立新竹科學園區、建立海內外科技顧問制度等。1982年召開「第二次全國科學技術會議」，把生物技術、光電、食品科技、B 型肝炎防治納入重點科技。財團法人資訊工業策進會，《創辦人李國鼎先生簡介》，頁 41-43。

11. 李國鼎於中國社會學社第十四屆年會中，呼籲必須在傳統五倫關係之外，建立「第六倫」，以新的道德準繩，使素昧平生的「第三者」，同居被善意尊重和關愛的地位。1991 年由李國鼎發起之「中華民國群我倫理促進會」正式成立，推展第六倫理念。習賢德，〈李國鼎倡導建立第六倫　在嶄新規範下共享繁榮〉，《聯合報》，1981 年 3

月 15 日，第 3 版；孫震，〈李國鼎　人亡政不息〉，《經濟日報》，
2001 年 12 月 10 日，40 版。

12. 「柯先生與紀小姐」於 1983 年 5 月 2 日晚間九點首播，是由新聞局
委託光啓社製作；「柯」、「紀」是「科技」的諧音，「紀小姐」
由曾在臺視新聞部任職的王羽小姐擔任。黃星輝，〈柯先生與紀小
姐　今晚攜手亮相〉，《聯合報》，1983 年 5 月 2 日，第 9 版。

13. 吳伯楨 1945 年畢業於國立交通大學唐山工程學院礦冶工程學系，
歷任經濟部礦業司司長、行政院科技顧問組執行秘書與顧問等職。
蕭瑞洋，〈吳伯楨學長 ── 音容宛在〉，《交大友聲》第 341 期，
1992 年 3 月，頁 51。

14. 《教育部組織法》因應《中央機關組織基準法》規定，已於 2012 年
1 月 20 日修正為：政務次長二人、常務次長一人。「立法院法律系
統」，擷取日期：2023 年 3 月 12 日。

15. 教育部於 1998 年公布〈國民中小學九年一貫課程綱要總綱〉，
國小五、六年級自 90 學年度同步實施英語教學，國小三、四年級
自 94 學年度起同步實施英語教學。「教育部國民中小學課程與
教學資源整合平臺」：https://cirn.moe.edu.tw/WebContent/index.
aspx?sid=9&mid=92，擷取日期：2023 年 9 月 29 日。

16. 教育部日前主管會報中，政務次長阮大年表示現行髮式規定讓許多
學生對中學生活留下不愉快記憶，教育部長即指示部內訓委會及軍
訓處，研究放寬中學男生三公分平頭、女生耳垂下一公分「西瓜皮」
髮禁，由阮大年負責召集。〈中學髮禁可能解除〉，《聯合報》，
1987 年 1 月 2 日，第 2 版。

17. 行政院院會通過開放新設私立學校處理要點，首波開放有條件受理
民間申請設立工學院、技術學院、醫學院、二年制商專和護專，以
及五年制工專，校地、校舍、設備、師資、設校經費皆採嚴審。〈新
辦專上私校開放設立　暫限工技醫護商專院校〉，《聯合報》，1985
年 4 月 5 日，第 1 版。

18. 新聞媒體描述阮大年任教育部政務次長期間，因個性率直不造假，許多人形容他「身為官方發言人卻常以個人觀點講出不合決策的言論」，開放「髮禁」和「高中生出國留學」就引起保守派大加撻伐，但後來這些「違反政策」的事都一一實現，顯見其教育理念確實高瞻遠矚。潘大芸，〈捨國立而就私立大學校長　他是第一人　阮大年不眷戀權位　為理想而執著〉，《中央日報》，1992 年 2 月 24 日，第 5 版。

19. 教育部於 1987 年 4 月 29 日發布人事命令，政務次長阮大年調任國立交通大學校長，於 5 月 3 日交大校慶後就職。阮大年表示，將鼓勵更多教師參與「教授治校」和「校園民主」。〈阮大年接掌交大〉，《聯合報》，1987 年 4 月 30 日，第 2 版。

第五章

有為亦有治

以國家規格建設交大

我不贊成身為交響樂團指揮，自己跑去
打鼓或者拉小提琴。當然有的人喜歡這
樣，蓋房子要親自監工，那我是絕對不
監工的，要不然要總務或營繕組做什
麼？一定要分工合作、充分授權。

我的連襟是潤泰集團總裁尹衍樑，我太太和他的夫人是姐妹，我確定到交大當校長之後，他就跟我家人說我已經出局了，不會再做官了！我大女兒聽了心裡就不太舒服。雖然這句話一部分也是事實，大概我也不太適合官場，但是其實也不一定，大學校長後來做部長的人多得很。

　　不過我從教育部到交大，我家人們都覺得重新回到學校很好。到交大以前，我已經很清楚自己的人生觀價值觀，而且又能順勢把教育部的資源帶到交大，加上交大新校區剛啓用，天時地利具足，所以對我或對交大都是很好的事，交大任期也成爲我人生中最快樂的時光之一。

1. 天時地利人和

　　以前大學校長是由教育部指派，雖然不是那麼民主，可是在我上任交大校長之前，仍然經過了兩次考試。

　　一次是交大工學院、理學院、管理學院幾個學院的院長到我家來「面談」，畢竟我一個教育部做官的人來接校長，又不是臺大、交大畢業，他們也不太了解我。也許他們希望是交大校友來接校長，但是我做過校長、政務次長，我也很願意爲交大服務，更有信心自己可以做好；加上我是理工背景，我在 USC 研究的 Materials Science，當時臺灣又很需要，最後他們覺得我「好像

還可以」，也就沒有反對我接交大校長。接下來學校還出飛機票送我到美國紐約，我本來還在想：「交大對我這麼好！」原來是要去見一大堆交大校友。

交大向來非常重視「飲水思源」，也很尊重校友的意見，校友對「非校友」一般會有點意見，但是交大校友反而對我很好。其實我在科技顧問組就碰到很多交大校友，電子業者、科學園區或者工研院的交大校友非常多，大家都會互相幫忙也很好相處。很多交大校友比如方賢齊也參加過國家建設，[1] 相當瞭解李國鼎先生的觀念，我又算是一脈傳承他的理念，所以交大校友對我都很熟悉。加上我的英文、中文、理工專業都沒問題，我又比較美式作風，有話就直說，和他們觀念比較接近，而且我舅舅和姐夫都是交大畢業，校友對我算是很滿意，大概只有郭南宏校長有點不同看法。

我和郭校長一起出國幾次，我講到信仰的時候，他就會說我「相信耶穌得喜樂」的觀點是「倒果為因」。1987 年 5 月 10 日校長交接典禮上，郭校長先說了歡迎我到交大，相信我能為交大帶來教育部的資源這些好話，最後還開玩笑說，希望我不要把基督教引進交大。其實他太多慮了，我一直認為信仰基本上是每個人與神或上天的關係，不是用類似「政教合一」關係強迫得來的。上天賜我們自由意志，可以分辨真偽、善惡、美醜，只是很多人被「世界」弄瞎了心眼。

我和郭校長都是唸理工出身，各方面想法接近，只是提到信仰就如雞同鴨講，原因可能是我們成長背景不同，他是在科學萬能、人定勝天的觀念中成長，而我是先經過「敬畏耶和華是智慧的開端」（箴言 9：10）觀念後而成長。我也沒想過要和郭校長辯論，對我來說，人怎麼勝得了天？我更在乎人要順天，也就是所謂的「天人合一」。我在交大五年時間，能在校務經營上做出一些成績，也是因為我相信「順天應人」加上「天時地利人和」的成果。

阮大年於交大校長任內留影。（圖片來源：阮大年）

目標一致向前衝

我比較重視觀念上的啟發，對於很多事物的細節就不會特意去記得很清楚，幸好我上任交大校長半年左右，就請秘書室規劃出版「交大校訊」，[2] 現在反而變成整理校史時很重要的參考文獻。如果去看交大校訊或者行政會議紀錄，我當交大校長期間，學校裡曾經有十來項工程同時進行，[3] 假使加上已經完工或者規劃興建的工程，我任內的建設數量應該更多；倒不是我有多了不起，是因為正好躬逢教育部最有錢的時期。

當時規定教育支出要占政府總預算 15 % 左右，[4] 我又剛從教育部出來，最了解他們的想法。教育部很好玩，討論財務預算的時候，大家對於比方採購電腦設備這類一、二百萬的小錢意見很多，可是蓋房子上千萬、上億的預算，大家反而沒什麼意見。我既然知道教育部的「弱點」，我和教育部關係也不錯，當然想辦法趕快幫交大申請幾個大型工程，這可以說是「天時」。

交大在臺復校時，一開始是在博愛校區，校區小到從前門就可以看到後門，後來取得光復校區，校區一下子擴大很多，正好可以蓋很多房子，[5] 這是屬於「地利」。至於「人和」並不是說沒有人反對，每個單位、每個地方多少都會有人反對，重點是贊成的人、合群的人、努力的人有多少，正好交大多數人都有同樣的發展目標。校友對我很不錯，沒有給太多指導意見，學校也不大需要校友捐錢，教育部經費已經大致夠用了。所以我才說這功

1988 年交大校訊創刊號。（圖片來源：國立陽明交通大學發展館）

勞，要歸功於「天時地利人和」。

　　我到交大時，郭校長已經完成光復校區第一期建設，我接手的第二期建設計畫，建築都盡量向上發展，這樣校地運用比較有效率，那幾年蓋的大樓造型和顏色也比較多變化。[6] 我的觀念是學生和教職員生活需要的建設優先，像學生十二舍、十三舍、研究生二舍、教職員單身宿舍、學人宿舍，加起來就超過二千個床位，[7] 宿舍也不只有增加床位，我們還讓 7-11 這類的便利商店進駐到宿舍區，方便學生採買日常用品。教學研究需要用的大樓也要趕快蓋，排在最後的是行政大樓，[8] 校長室則是根本沒動。

　　這段期間最重大的工程，應該是 1987 年郭南宏校長開始規劃、1989 年破土、1992 年正式運轉的「國家級次微米元件實驗室」。[9] 這是當時臺灣最先進的技術之一，也是交大發展很重要的里程碑，進出實驗室都要穿防塵衣。實驗室等於把交大、工研院和新竹科學園區整合一起，工業界和國家都非常需要這項建設，相當於建立了臺灣電子業的後盾。

　　浩然圖書館也是我任內很重要的建設，1991 年就拿到經費開始進行規畫，我離開交大以前動工，蓋了快五年才落成。那時候我就強調新圖書館不要只講求硬體建築和圖書，未來應該還要發展資料管理，而且要和資訊整合在一起。教育部覺得這個理念很好，表示臺灣已經開始慢慢重視這一塊，後來浩然圖書館也列入了國家級的建設計畫。[10]

北向立面

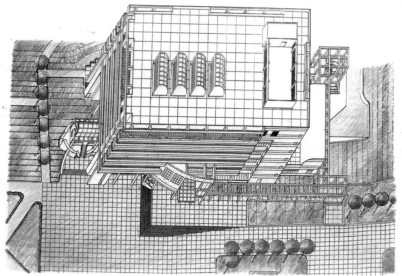

1991 年交大光復校區圖書新館（浩然圖書資訊中心）由陳柏森建築師負責設計規劃，圖為建築師為圖書館手繪之建築設計圖。（圖片來源：國立陽明交通大學發展館）

一些新的科系需要的建設，通常我也會先規劃，比如交大在1990年領先全國公立大學設立的應用化學系，本來沒有完整的研究教學場所，後來新建的科學二館就撥給應化系和理學院使用。還有一些當年在交大不算強勢的科系，例如管理學院系所和電機系，他們很需要的管理二館和機電大樓，同樣優先規劃建設；當然像電子與資訊中心這種大型建設也是一直持續規劃進行，[11] 這才是我一直強調的學校平衡發展。

　　電子與資訊中心是1984年成立，成立的目標是要整合交大電子資訊相關系所，一起進行先進前瞻的研究工作，和工研院、科學園區、中科院有很密切的合作。一開始電子與資訊中心沒有專屬的研究場所，研究人員、器材都分散在學校各系所，後來我們就規劃蓋了一棟「電子資訊研究大樓」。當時交大很積極提升研究水準，想辦法透過很多管道找國外一流的學者來任教，我和張俊彥就到美國把施敏博士請回來，1990年起他除了擔任電子工程系特約講座教授，又兼任電子與資訊研究中心主任，施博士是國際重量級的學者，對交大後來的研究發展確實幫助很大。

景觀美化觸動無形境教

　　我回臺灣服務之後，一直很懷念美國校園中的 Student Union，就是學生下課後可以吃喝玩樂的活動中心，一直到交大校長任內才有機會實現這個願望。1989年交大請潘冀建築師設計

新活動中心，他的設計理念在當年算是相當前衛，有位學院院長還跑來跟我說：「這是我見過最醜的 Building（建築），到底是怎麼選的？」我也只能開玩笑地回說：「不懂就不要批評啦！」

活動中心還規劃演藝廳、實驗劇場和露天劇場，學生下課以後就有很多藝文節目可以欣賞，後來也得了建築設計獎，我等於是用事實來代替雄辯。[12] 面對不了解你就批評你的人，或者沒辦法解釋清楚的狀況，有時候其實是上天對我們的試探，所以我也很認同「有容乃大、無欲則剛」這句話。

我任內一直想做的一件事，就是像 USC 或 Stanford 這些國外大學，在學校裡開個福利社或書店，賣些印有學校 Logo 的衣服、帽子、紀念品和教科書。很多校外人士去參觀大學都會買些紀念品，學校還可以賺一些錢，國外幾乎每所學校都有自己的小商店。當年臺灣的大學還不流行做這些事，我任內也很可惜沒有做到，現在這種作法在臺灣已經很普遍了。

除了建築要有特色，我又是比較重視形而上層次的人，所以一直強調要提升校園的美感，畢竟學生整天都在校園裡學習和生活，環境和師資對於學生的教育都很重要，這就是所謂的「境教」。像我們請潘冀建築師設計活動中心，他和我一樣很重視校園景觀規劃，活動中心周圍的地方比方「思園」，他就會配合活動中心建築一併規劃，並不會特別要求增加設計費，其他校園景觀他也提供了很多建議。後來學校陸續把一些地區變成徒步區，[13]

汽、機車和腳踏車都不能進入，我離開交大之後學校又設置了很多楊英風雕塑作品，交大校園景觀確實一直都在進步。

只是學校裡建設多，難免會有些荒唐的事情。比如學校建案公開招標雖然是必要程序，但校長還是可以先找幾位建築師來競圖，最後拍板決策過程也很尊重校長意見。有位建築師是走「老婆路線」，有一次他先叫老婆來跟我講，可以找他老公來蓋學校的某棟大樓，挑明說只要案子給他，就會給我回扣。我當然是直接拒絕：「妳怎麼會當面來講讓我拿回扣？我不拿回扣！」沒想到她居然說：「某某大學校長拿了回扣，沒有人會知道啦！」

「沒人知道？」我心想這個人也很笨啊，現在連我都知道某大學校長有拿回扣，妳居然還說沒有人會知道？本來妳老公來競圖，我還會認真看一下，現在妳老公的設計圖我絕對不看！沒想到要蓋房子的時候，又有人來「關切」：有位立法委員不好意思自己出面，就叫助理打電話給我，推薦這位委員認識的營造商。我先用學校會召開營繕會議決定作為理由，給對方一個軟釘子碰，沒想到對方不死心，說校長的影響力很大，可以左右會議決定。我只好再明白地說：「建築營造事務，我一向都是交給學校總務處按照行政程序去走。」

對方大概火大了，說：「我們的對話有錄音，立委老闆會知道喔！」很多人脾氣上來了，腦筋也跟著不清楚。我說：「有錄音更好，正好證明我的清白，是你有問題！」說完就把電話掛了。

結果這位委員在開會時，說他對交大經費有意見，等其他大學、專科的經費審完後，再來審交大經費。這位委員應該已經把助理罵了一頓，居然讓我知道有錄音的事，他大概也怕我把錄音的事公開。以前開會，如果沒有重要的事，我是可以想溜就溜的人，這次就溜不掉了，委員也算了解我，硬是叫我待到晚上，要教訓我一下，最後也沒有說出什麼問題，真的很荒謬！

　　所幸我在任期間大部分建設都很順利發展，唯一有件不幸的事情，就是有次學校進行宿舍地下室蓄水池清洗作業，可能是當初興建的時候規畫有些問題，讓地下室容易蓄積沼氣、空氣也不夠，結果有三位工友中毒昏迷後過世。那天是週末，我正好人在臺北，馬上趕回新竹，看到家屬這麼可憐，我也忍不住掉下眼淚。雖然學校從教職員工急難互助基金撥出一百多萬撫卹金，各界也有很多善款捐給家屬，但是這件事情到現在我想起來，都覺得非常難過，算是我任內最大的遺憾之一。[14]

第四學院改造「交大軍校」

　　交大是從鐵路、船務開始，這是 Transportation（交通），到了臺灣就發展出 Communication（通信）和 Computer Science（電腦科學）；現在當然也有人把這些整合成電動汽車等產品。不過這些都還只是停留在人跟物的層次，我認為交大還可以提升一層變成「人跟人」、「人跟天」之間的 Fellowship（溝通）。

有些老校友的太太跟我說過，她們的老公都很好，老老實實的，可是都一板一眼，講得不好聽一些，真的又土又木，工作不是鐵路就是橋梁，只會拉「計算尺」。[15] 所以我一上任就想在交大推展音樂、藝術這些相對抽象，比較形而上一些的學門領域。當時教育部的態度，並不想讓每一所大學都變成綜合大學，但是我認為交大當然要保持原本的特色，和增加人文藝術相關科系並不衝突。

　　和電子理工科系相比，這些科系的就業市場比較冷門一點，實際上這些「軟體」很重要，能和電子理工這些「硬體」產生很好的互補作用。一開始工學院很反對，認為交大有工學院和發展電子就夠了，而且管理學院已經幫交大增加了一些女學生。我說：「我沒有不強調電子特色，電子還是很好啊，你們比我懂電子，我也沒攔著你去發展。」交大是實實在在的好學校，傳統精神不能夠失掉，我不會為了追求「平衡」而放棄原有的優點。

　　可是交通大學既然叫「大學」，不叫「電子學校」，就應該要廣一點。我常強調「為學須如金字塔」，基礎學識要廣博才能持續向上發展，大學如果偏重發展特定領域，「一枝獨秀」雖然爬得比別人高，相對也很脆弱容易折斷。提升人文、音樂、藝術、外文素養，並不是女學生多一些就夠了，更不會影響交大在電子領域的發展。

　　像清大的文、理、工學院都很不錯，連後來從清大校長升任

教育部長的毛高文，他也認為交大發展電子就好，幹嘛還學清大。毛部長跟我說：「交大要搞音樂，有沒有搞錯啊？」我回說：「電腦音樂可以吧！」他也就沒話講了。我想增加的並不是一般大學的中文系、音樂系或美術系，而是要和「科技」結合的人文藝術科系，不只是要調和交大校園的陽剛之氣，更要讓交大學生在學習實用知識之外，學習怎麼樣做一個快樂的人。

總之我當校長最重要的規劃方向之一已經確定了，增加人文藝術系所學院需要慢慢規劃，那就先從擴大通識課程和課外活動種類做起。1988 年教務處增加西洋音樂、宗教哲學、建築、表演藝術、現代音樂、天文、藝術欣賞這些通識課程，邀請曾正仲、林會承、郭小莊、許博允、李泰祥這些各行各業很有名的大師或者藝術家到交大講課，[16] 同一年我們還舉辦了第一屆交大藝術季，有十多場音樂、美術的展演活動，藝術季後來也變成交大很出名的傳統。

因為我曾經在國外留學，接觸了很多好的觀念和很棒的活動，就一直想著要引進交大，那我的好玩點子又很多，還請過管管、辛鬱、羅門這些知名詩人來學校舉辦吟詩晚會，或者國畫家到學校現場揮毫創作。其實交大早期不少教授很有藝文素養，常在學校辦一些猜謎會等活動，我們等於是把這些交大原本就有的藝術、文化傳統慢慢找回來。

1988 年交大成立「應用藝術中心」，[17] 除了推廣藝文活動，

也支援後續傳播科技和應用藝術學門的發展。1988 年我又從 UCLA 請了音樂博士吳丁連到交大主持「電腦音樂工作室」，工作室隸屬於應用藝術中心。[18] 我覺得吳博士的履歷很好又很有理想，就放手讓他去發展，他很有個性也很有一套，就是有點太不傳統又太前衛了。我記得他曾做了一首曲子，要把鋼琴蓋打開，再用竹竿刮琴弦，我只好拜託他，學校經費不多，千萬不要把鋼琴搞壞啊！

1990 年 8 月，教育部長毛高文到交大訪視，他也支持交大增設傳播、藝術和人文社會學院的構想，只是希望新學院能朝應用方向發展。[19] 1990 年 12 月，交大設立第四學院的五年規畫構想完成，[20] 1991 年我們把第四學院定名為「人文社會學院」，陸續成立傳播研究所、應用藝術研究所、外文系，後來又從應用藝術研究所獨立出音樂研究所及建築研究所。

1995 年人文社會學院正式成立，現在又增加了語言教學、社會文化研究、師資培育中心這些教學研究單位，院裡幾個系所也都走出自己的特色，發展都很不錯。以前學生形容像軍區一樣的「交大軍校」，終於發展成為綜合性大學。[21]

2. 分工合作與充分授權

那幾年在交大做了一些事，我不會說都是我的「功績」，有些現在看起來好像都是蠻普遍、偏細節的事務，也不是什麼了不

起的政策，可那時候算是很大的突破，對時代其實蠻有影響性。畢竟我在教育部是做規劃政策的「政務次長」，不是主管執行事務的「常務次長」，從教育部養成的工作習慣也影響我思考校務經營的方式。

我在任這段期間也可以算是交大硬體設備和校園建築增加最快速、最理想的幾年，交大的建設都是所有同仁的團隊功勞，我也不想一個人搶在最前面出風頭，在建築上到處留下我的名字。交大少數由我題名的大樓，大概只有科學二館；本來我的原則是「到處都不留名」，最後學校還是請了主任秘書幫我題名。

和硬體建設相對應的軟體建設像資訊系統，交大也發展得很不錯。畢竟電子、資訊、通信是交大的重點發展領域，一直都是國內的尖端，比方臺灣第一部電子計算機就在交大，[22] 交大也是臺灣第二所擁有超級電腦的學校。[23] 以前個人電腦還不像現在那麼普及，很多學生要去計算機中心才有電腦可用，一些熱門時段還得要搶位子，但是當時我就覺得將來不管做什麼事，應該都可以透過電腦完成。

所以我一上任就開始思考，要讓學生用電腦就可以很快知道校方各種公告和活動資訊。後來資訊中心依據我的構想，幾個月就設計出臺灣各級學校裡第一套校園資訊網路系統，1988 年 3月系統正式啓用。[24] 交大很早就推行研究所招生電腦語音查榜和電腦選課，1990 年實施文書作業電腦化，1992 年還架設了全世

界第一套學生宿舍光纖網路，學生在房間就可以上網查資料做功課。[25] 很多東西現在看起來很普通，當年這些電腦網路系統建置成本很高，不過交大畢竟是臺灣資訊領域的領導學校，這些措施不只是技術上的重大突破，也幫其他學校做了很好的示範。

以前各項技術和網路還不發達，有些措施像文書作業電腦化一開始只能局部實施、慢慢推展，不過至少紙本公文數量就能減少很多，以往紙本公文要保留五到十年，電子化之後就不用那麼多倉庫了。只是很多人還是比較喜歡紙本公文，長官在上面批個「如擬」，好像才比較有權威感，白紙黑字也有憑有據。講個笑話：有些長官退休了，每天還要叫老婆把每餐的菜單呈上來，自己再批「如擬」，大概他們還很懷念掌握權柄的感覺吧！

交大有這麼好的環境和資源，學生人數又很少，實在太可惜了。有些教授認為交大作為研究型大學，教學應該要精緻化，而且要維持菁英式教育，不需要發展擴充得太快。但是我一直希望資源能夠分享更多人，這才是真正的「物盡其用」，所以我任內持續擴充校園建設之外，還積極推動放寬學生人數的政策。我離開交大之前，學生人數已經快要加倍了，我設定的一萬名學生目標，幾年後也終於達成。

校務經營首重平衡

我一直強調「大學之道」要高、要廣，也非常贊成「中庸之

道」，追求平衡的人生觀。交大在臺復校是先恢復工學院，但是要避免過於自我中心主義，而當校長最重要的就是平衡。有一次教師升等會議，工學院、理學院都有教授、副教授通過審核，只有管理學院一個都不升，這我就無法接受了。說白了，管理學院是可以「管理」其它學院的專業，結果反而最吃鱉，顯然那個時代有些看不起管理學院。我是唸理工出身，以前的經歷也都是理工學院掛帥，這次我倒是覺得有點過分了。

即使是看球賽，我往往都支持較弱的一隊，我認為「扶弱」是人的天性，也是應該要做的事。既然承認管理學院是交大的一分子，總有分到一些教師升等的 Quota（配額）吧！後來我就運用校長的職權否決這次結果，大家先溝通一下，重新再開一次升等會議，如果管理學院還是沒人升等，那我也不幹了，表示我對不起管理學院；最後審議結果才終於比較平衡一些。

除了那次升等會議外，我很少動用校長職權，還是優先尊重教授意見，當時可以說「無教授治校之名，有教授治校之實」。[26]我當校長這段時間，老師們應該很舒服，我都盡量不打擾他們的研究，因為我的本性也是不大喜歡別人來管我。但是我認為「教授治校」應該是治你的學問、研究和教學，而不是來治行政。畢竟我學習了李國鼎先生的觀念，很多觀念比教育部官員都還要新，教育部不敢做的事情也都由我來推動，有些教授的治校觀念，可能還沒有我那麼前衛創新。

交大的好處之一，就是大家對於自己的生活很滿意，教授們忙到研究工作都做不完了，也就不大有時間去管行政工作，有點像一個「國泰民安」的社會，不要管我、不要查稅、不要來找麻煩「查水表」就好了。當然教授們偶爾還是會發表一些意見，比方抱怨一下學校哪裡不好，我們行政單位就會馬上「有洞補洞」；加上交大正在快速萌芽發展期，天時地利人和，所以學校進步很快，大家也就更沒什麼好抱怨了。

　　一般愈是好的學校，都希望教授能夠專注在研究上，而且一定要發表 Paper，這樣對教授或學校都有利，這是非常美國式的思維。我只是覺得臺灣有很多大學老師對教學比較不重視，有些資深的老師，既不做研究，教學也不好，就只是在混日子而已。我在教育部就曾強調過，希望大學老師不要只重視研究，當交大校長後我又經常大聲疾呼，不要小看教學，否則大學部學生真的很吃虧。後來交大和其他各級學校，都陸續建立優良教學教師的評選機制，算是很好的發展結果。[27]

　　小時候我家門口常常有一個乞丐，我們稱為「叫花子」，每天一邊走路一邊唱：「山又高、水又深、山高水深路途遙遠。」我本來還覺得這人很偉大，知道路程遙遠、艱困，卻仍每天努力，後來長大一點了，知道他不過是每天在那邊繞圈子，精神狀況大概也有點問題。所以我覺得重要的是方向，不是像那個叫花子每天努力繞圈子，最後說自己「沒有功勞也有苦勞」。這種說法我

很不贊成。當校長不一定要事必躬親，學校各項建設每天都去監工，那去做營繕組主任就好了，何必做校長？

我常講我不贊成身為交響樂團指揮，自己跑去打鼓或者拉小提琴。當然有的人喜歡這樣，蓋房子要親自監工，那我是絕對不監工的，要不然要總務或營繕組做什麼？一定要分工合作、充分授權，把工作交給他們，否則校長去監工出了問題，就變成你的責任，反不是總務他們的責任。既然敢用人，就要用人不疑，就要信得過他們，「知人善任」變成我的做事原則。

用合作代替競爭

很多人說我「無為而治」，其實不是所有人都適合這樣的管理方式，在交大絕對適合這種開放的方式！交大就像自己很懂事的小孩，不用一天到晚去管他罵他。每次聽到「無為而治」，感覺好像有點在損我，說我不做事。如果我都不做事的話，這些學生是從哪裡來的？建築是哪裡來的？又怎麼會增加科系？我是「有為有治」，真要是「無為而治」的話，交大能夠發展到這樣算很不錯了，「無為而治」反而勝過「無微不至」！我也比較傾向「運籌帷幄」的領導風格，而不是事事「身先士卒」。

而且我覺得人生沒有什麼事情是重要到放不下的，就像我不太在乎梅竹賽的勝負，坦白說這是我的缺點也是優點。我到交大之前，梅竹賽已經停了幾年，以前兩校學生也鬧得有點僵，交大

說要「踩死青蛙（清華）」，清大就說要「整頓交通」。後來清大正好換成劉兆玄當校長，他會寫武俠小說，性格比較放得開，也和我一樣沒有把勝負看得那麼嚴重，我們就說好正式復賽。[28]

以前郭南宏校長很強調體育，交大男生多，本來也比較重視運動，我任內教育部還頒給交大「體育績優學校獎」。[29]我雖然不是「身先士卒」的人，又不太重視勝負，但是常常被體育組逼著陪大家去跑個 1,500 公尺，幸好我膝蓋還很不錯，那時候年輕也還能跑完全程。

當時清華的學生很喜歡我，可能清華的女生比較多，也覺得我說話比較風趣，就邀請我到清大的通識課演講。我說：「梅竹賽恢復了，請大家不要惡言相向，就算把對方罵得一文不值，那你不過才值『一文』呢！把對方說得多好，最後我還贏他，這樣不是更好？應該要另類思考。」雖然大家覺得我的話很有道理，比賽的時候還是罵得很兇！

良性競爭可以帶來進步，我更喜歡用合作來代替競爭，清大劉兆玄校長也很贊同我的想法。爲了消除多年來梅竹賽累積的一些不愉快，交大和清大展開了很多的合作項目，例如兩校聯合校運會和公文信函可以直接傳遞的「梅竹信箱」，[30]還有兩校圖書館「一證通用」，交大學生可以用交大學生證到清大圖書館借書，清大學生也能使用交大圖書館資源。[31]當時交大和清大已經實施好幾年的跨校選課，後來又擴大成「新竹地區大學院校校際

選課」，新竹師院和中華工學院也都成為了跨校選課夥伴。[32]

　　1991 年我去了一趟澳洲，我發現澳洲土地面積很大，卻因為錯誤的「白澳政策」排斥勤勞的有色人種，就算天然資源很豐富卻無法有效開發，國家才產生很多負債。所以我認為交大和清大應該要進一步開放合作，聯合申請成立醫學院，讓新竹的醫療水準可以改善，還可以合建體育館或者圖書館。[33]印象中教育部原則上贊同我的想法，好像也討論過幾次，後來我和劉兆玄又陸續卸任校長，很可惜最後這些構想也就無疾而終了。

溝通是最好的教育

　　我常說大學老師除了傳道授業，也要常常和學生溝通觀念「解惑」，這才是真正的「大學之道」。1990 年為了萬年國代不肯下臺，全臺學生發起中正紀念堂野百合靜坐活動，[34]一些交大學生出發前還跟我打招呼，說有兩部遊覽車的學生也要去靜坐。我只先問他們：「物理有沒有及格？」他們一下子沒聽懂。

　　《禮記·大學》講「大學之道，在明明德」，但是要先格物、致知、誠意、正心、修身、齊家、治國才能平天下。我說大學生的「格物」就是要「物理及格」，物理都不及格、大學還沒畢業、講話也不得體，要怎麼治國平天下？我是有點在開玩笑，學生也哈哈大笑，當然現在時代已經不同，但這個觀念基本上還是正確的。當時一些教育界人士去到學生運動抗議現場，都被學生罵得

很兇，交大學生反而很歡迎我，不只對我很好還特別維護我，現在回想起來還是覺得蠻感動的。

和臺大、東海等學校相比，交大學生對政治不算特別熱衷，但是野百合學運之前，交大學生就已經開始籌備成立學生會，1990 年 3 月學運結束後幾個月交大學生會正式成立，交大應該算是最早成立學生會的公立大學之一。[35] 學生會可以推派代表參加校務會議，也有投票權參與表決，交大學生大多念理工，我感覺學生比較講道理、好溝通，不會特別「為反對而反對」。不過有件事情，學校卻花了特別多時間和學生溝通，也就是學校裡學生騎機車的問題。

我剛到交大當校長，就覺得學校裡的機車聲音太吵了，交大校園就這麼小，從宿舍走到教室也不算太遠，怎麼還需要騎機車？很多老師和校外人士都抱怨機車的噪音和交通安全問題，學生宿舍旁的鄰居民眾，也常常跟學校抗議學生亂停車，或者說學生的車子太大聲了。敦親睦鄰對交大來說很重要，我們還開過「敦親睦鄰會」，把鄰居請到學校來，聽聽大家的意見；一般民眾覺得交大學生都還算乖，就是機車的問題最大，這也變成我當校長最大的壓力之一。

1990 年我好不容易請了郭義雄教授來當訓導長，他上任第一件事，就是規劃機車不可以進入學校。[36] 其實大部分學校都禁止機車進入校園，處理這種事情卻是吃力不討好，學生反彈也很

大，郭教授很有教育熱忱，花了很多心思和時間規劃配套措施。比方規定所有學生和外賓機車都禁止入校、在校園外圍和宿舍附近新建機車停車棚、發放機車停車證前要做安檢和排氣測試，還有校園汽車停車收費等等。雖然過程中有些學生不大高興，有的還會偷偷違規從小路騎車進學校，最後大家還是慢慢接受這樣的改變，學生意外減少了，也才有現在這麼安靜的校園環境。

和校園機車問題比起來，學生穿拖鞋上課的狀況就比較難改了。我常跟學生說，現在交大慢慢有人文藝術科系，女生也比較多了，男生應該要有點禮貌，不要老是穿短褲拖鞋去上課。想像一下，如果你在臺上講話，往臺下一看都是學生的腳丫子，心裡應該不太舒服，穿個球鞋對老師也比較尊重一點。當然學校沒辦法強迫學生，只能希望學生稍微 Gentleman（紳士），不要只有畢業舞會的時候才穿得像紳士，現在情況應該改善很多了吧？

3. 真正做到「飲水思源」

教育部政務次長任內，我經常在新聞媒體鏡頭前出現，又有「柯先生與紀小姐」的電視節目，那時候我的名聲還算不錯，被歸類為社會公正人士，也當了幾年資策會董事。當上交大校長之後，一些社會公益團體來找我，我也都很願意配合，又多了幾個理事長、董事長頭銜。

比如我曾經跟著李國鼎先生學習，對於新的事物我一樣很感興趣，當時產學界慢慢有一種想法：要怎麼樣把管理和理工連結整合一起，用「科技管理」來代替以前的「人治」？交大有位沙永傑教授那時候就在教科技管理，我說這個很好，交大就應該要研究這個專業。[37] 1990 年交大和工研院、科學園區一些專家學者成立了「中華民國科技管理學會」，我的名字很好用，就當選了創會理事長。[38]

虛名實用

我掛名或者創始的幾個團體，從國外引進臺灣的社福系統成果比較顯著，像紅十字會、聯合勸募 Unitedway 和基督教世界展望會 World Vision，我都擔任過董事，遠東福音廣播中心也是我當第一任董事長。中國大陸基督徒比例不比臺灣少，地下教會很多，遠東福音就是向中國大陸傳福音的廣播電臺，常常收到幾千封來信。後來新聞媒體人李濤、李艷秋夫婦，他們覺得臺灣有很多老舊的觀念需要改變，又找我一起創了「新生代基金會」。[39]

當然，不是所有團體單位都發展得很成功，不過「創始」就表示以前臺灣沒有但是社會需要，這些新觀念的引進和突破，對臺灣影響很深遠。像臺灣新聞媒體常常報導一些很可憐的案例需要捐款，結果大家就一窩蜂捐錢，後來善款遠遠超過需要的金額。幾位社工系教授也算是很有心，他們看到臺灣這樣現象，就宣導

民眾可以先捐款給聯合勸募，由聯合勸募統一分配。他們的觀念不是所有人都認同，有的案例實在是燃眉之急，也不能怪大眾想要趕快幫助他們，不過我認為聯合勸募的理念還是正確的。[40]

一開始聯合勸募很辛苦，沒什麼經費，到處邀請人來當理事長，有的人還怕經費不夠會受牽累、名聲會受影響。後來找到我，我說這有什麼好怕的，就掛名第一屆理事長，有時候也把交大臺北校區辦公室借給他們開會。通常只要找我創辦協會或掛名公益團體負責人，我都是迷迷糊糊就答應了，我覺得能幫忙就幫忙，我也沒什麼貢獻，結果有一次被弄得有點灰頭土臉。

因為使用寶特瓶的緣故，以往臺灣汽水工業一直都被社會認為是污染源。一些汽水廠商像金車很有心，覺得不應該被污名化，就決定創立「美化環境基金會」。有些記者不太理解我為什麼會去當董事長，而且汽水業者要「美化環境」，有點沽名釣譽的感覺。記者當然是好意提醒，不過往好處想，至少廠商已經開始注意環保議題，也算是某種的「贖罪心態」，和「企業社會責任」有點類似。我倒不覺得我是在做「壞事」，或者覺得這些錢「不夠乾淨」，變成記者說的「淌渾水」，而且我只是掛名，主要還是靠執行長去規劃和運作。

另一方面，既然叫做美化環境基金會，我很願意去幫忙「美化」，但是不想整天到處去「抗爭」。國家就像自己的媽媽，就算她的臉被弄髒了，也不能一直說：「妳好醜！」這樣是沒用的，

不如直接幫她擦掉，能擦多少算多少。像我覺得臺北市街道上很缺少垃圾桶，基金會就幫忙募集和設置了很多垃圾桶，我記得顏色分為藍色和粉紅色兩種，也具有垃圾分類功能。[41]

美化環境基金會陸續舉辦很多活動，一開始也很少出現在抗爭場合。我常常跟執行長溝通，我說抗爭的人多得很，但是一個Useful 的單位要多做正面的改變，減少負面的抗爭，這是我非常重視的觀念。可惜基金會部分成員後來也參與了政治抗爭，一些熱心贊助的董事退休之後，經費愈來愈少，董事會也經常開不成，最近幾年也就沒有發揮太大功能。

最難的決定

因為我掛名的社福團體多，外務也不少，有些教授就開玩笑，說每天都能見到我，只是都是在電視上。[42] 大概他們過去習慣在學校裡到處都可以看到校長的身影，只是也沒必要向我「晨昏定省」吧！一般人對我不太了解，認為大學校長應該要優先把「家務事」弄好；那我既沒有把自己當成「事務官」，又知人善任、充分授權給其他同仁去做事，本來就能有更多時間去關心更多形而上層次的觀念和社會公益。

但是不可否認，交大人真的都很愛校，所有事情都是交大優先，校友也很熱心想回饋母校；比方施振榮就曾說他在交大念書時，除了想拿博士學位以外，最大的心願就是當交大校長。[43] 如

阮大年校長（右）於交大 75 學年度畢業典禮，授予橋樑工程專家林同棪先生名譽工學
博士，攝於 1987 年 6 月 13 日。（圖片來源：國立陽明交通大學發展館）

1991 年交大頒發大陸工程殷之浩先生名譽博士，左起施敏、阮大年、施振榮、殷之浩、
鄧啓福、張俊彥。（圖片來源：國立陽明交通大學發展館）

果他願意，我倒是很想和他互換一下角色，[44] 可惜臺灣對大學校長的資格要求很嚴格，企業家當校長幾乎不可能實現。

換個角度想，有成功業界經驗的人來當大學校長，說不定還做得更好，就像生意人來做總統，也許更能關注人民基本需求，讓民眾安居樂業。學校事務每個人處理的方向不同，說穿了也是觀念的問題，像我主要能影響和最重視的部分，就是觀念的突破和提升，並不會每天盯著上班、簽到問題這些細節。

無論如何，第一任期間就在大致順利、偶爾有些不同聲音的狀態下度過，1991 年我也順利連任，沒想到 1992 年 1 月初就有消息說東海大學希望我回去接校長。據說當時東海很希望找校友來接校長，唯一做過大學教授、系主任、一級主管而且年資符合的校友，當時在臺灣只有我一個，我又是基督徒也很了解東海的創校精神，東海董事會才會屬意我。[45] 國外當然有些學者像杜維明資歷合格，成就也很了不起，但是沒有意願回臺灣。

東海是我的大學母校，可我接交大才第五年，印象中大學校長最多可以做到八、九年，也沒聽過公立大學校長去接私立大學校長的例子，如果去私校還要放棄公職服務的年資。而且當時交大的軟、硬體建設都還在快速發展，一開始我當然沒這個打算，交大師生也都不大希望我離開交大，還發起連署希望我服務到任期屆滿。[46]

我也曾向東海推辭，請他們另請高明，可是其他適合人選沒有意願，加上後來接任東海董事長的周聯華牧師找我談了幾次，我才開始認眞考慮這個問題。我是東海校友又是基督徒，很難推辭董事會的徵召，另一方面我覺得交大的組織和制度都很完整，就算校長一個人的職務變動，也不至於影響校務推動，所以在認眞考慮一陣子以後，雖然覺得對交大很抱歉，我還是決定去接東海校長。

順服上帝的引領

　　當初我以東海校友身分，從教育部「空降」到交大當校長的時候，有些交大教授就已經不大高興，現在又決定回去東海，好像我把東海看得比交大還重要。何況像清大校長毛高文後來當教育部長，交大郭南宏校長升任交通部長，大家出路都是「往上走」，如果我去做部長甚至接臺大校長，交大也就認了，去接東海校長好像有點丟交大臉的意思。就連李國鼎先生也無法理解，說我怎麼會離開發展電腦的交大，跑去東海擠牛奶啊？[47]

　　會做出這個很困難的決定，是因為我經歷過的兩個轉捩點，否則我再怎麼愛東海，也不可能放棄交大還有接下來升官、當部長的機會。第一個轉捩點，是小時候決定信仰耶穌；第二個轉捩點，是考大學之前決定把自己的主權交給上帝，接下來才會有考入東海、認識我太太、出國留學，還有回臺灣之後包括中原、科

技顧問組、教育部、交大這些經歷。這兩個轉捩點，改變了我的人生觀，也讓我最後選擇順服上帝的引領，踏出別人看起來很奇怪、犧牲也非常大的下一步。

一直到今天，多數人都不大相信也不能夠理解，我為什麼可以憑藉著信仰就「輕易」放棄大好前程。其實這過程一點都不簡單，我內心也經過很多掙扎，因為連我太太都反對。從當時的新聞媒體報導可以知道，東海內部有很多狀況，回去東海就像一場賭博，連黨政軍關係很好、做了十多年的梅可望校長都撐不下去了，我賭輸的機會真的很大。[48] 最後讓我下定決心的，是聖經的一句經文：「不要效法這個世界，只要心意更新而變化。」（羅馬書 12：2）

在我的信仰中，神任何的旨意或安排都是善良和美好的，不應該用普通世人的眼光和經驗去解讀神的旨意，反而要每天修正自己的想法，去理解神的用意同時順著神安排的方向努力。如果從世人的、利益的角度來思考，我當然不應該回東海，但是既然我從小就已經把自己交給上帝，上帝又安排我回東海，那我就應該喜悅地「讓主帶領」，回東海認真體會上帝想讓我經歷的一切，心情其實和當初從美國回到中原教書是一樣的。

我離開交大的理由非常單純，無論任何宗教，只要真心信仰的人，應該都可以體會，和史懷哲或者其它到非洲這些困苦環境傳道的傳教士相比，他們的犧牲可是比我多了更多。我的老同學

李家同後來放棄當清大校長的機會，選擇到天主教靜宜大學當校長，他的心情和信念應該和我是一樣的。[49]

　　「我回母校當校長，覺得很光榮，也算是對當前功利潮流的一種反抗！」這是當年《民生報》採訪我的報導內容，「阮大年也表示，他對東海、交大都有很深的感情，但對東海的情感特別深厚，因為『媽媽只有一個！』」同一篇文章裡還寫到教育部長毛高文認為：「把私立大學辦好，比公立大學更有挑戰性。」如果仔細讀完這篇報導，應該沒有人會說我做錯了吧？[50]

　　所以我在離開交大之前，最後對大家說了一句話：「大家別忘了我們交大的傳統精神——『飲水思源』，我只是真的做到了而已。」總之，我真的非常謝謝交大，交大給我的比我給交大的更多，我能留給交大的，不過是一些新觀念罷了。[51]

阮大年於交大校長任內留影。（圖片來源：國立陽明交通大學發展館）

2022 年 9 月 14 日，阮大年校長（左二）參加交大校友會於南港展覽館舉辦之「大交通・大未來」科技展暨國際論壇開幕式，與林奇宏校長（左一）、鄧啓福校長夫婦（中）、交大校友總會姜長安理事長（右二）、交大校友會陳俊秀執行長（右一）合影。（圖片來源：交大校友會）

註釋

1. 方賢齊，交通大學 72 學年度榮譽博士，1932 年畢業於上海國立交通大學電機工程系，1965 年升任臺灣電信管理局局長，1968 年出任交通部常務次長。1978 年公職退休後，被聘為工業技術研究院院長及資訊工業策進會副董事長等職。百年樹人——交大世紀之慶特刊編輯委員會編，《百年樹人——交大世紀之慶特刊》（新竹：國立交通大學，1996），頁 91。

2. 交大原已發行「校務通報」及「科技簡報」兩種刊物，阮大年校長上任後，有鑒於前述印刷品稍嫌雜亂，且交大在臺復校已二十餘年，其他大學多有校刊發行，因此指示籌編「交大校訊」，於 1988 年 1 月 1 日創刊。〈國立交通大學校刊籌編會議紀錄〉，國立陽明交通大學藏，典藏號 301-0701-0001-003。

3. 例如工程四館、科學二館、活動中心、第三期公共設施道路工程、田徑場及網球場整修工程、學人宿舍、機電大樓、學生十三宿舍、綜合一館、第三期公教住宅等，皆在同時期進行施工中。〈本學年度首次校務會議重要決議〉，《交大校訊》第 36 期，1991 年 10 月 10 日，第 1 版。

4. 臺灣教育經費在 1997 年以前，皆受憲法 164 條保障：「教育、科學、文化之經費，在中央政府不得少於其預算總額的 15%」。陳麗珠，〈我國教育財政改革之回顧與展望：教育經費編列與管理法實施之檢視〉，《教育學刊》第 33 期，頁 1-34。

5. 國防部於 1978 年同意謙讓陸軍威武營區，連同收購附近民地二十公頃，共計佔地三十二公頃，開闢光復新校區。百年樹人——交大世紀之慶特刊編輯委員會編，《百年樹人——交大世紀之慶特刊》，頁 28。

6. 光復校區第一期擴建計畫建築特色為館舍不高具親和性，外牆分宿舍（黃色系）及教學館舍（磚紅色）兩大色系。第二期計畫建築特色在於館舍大部分為高樓建築，以有效利用校地，近萬坪之館舍包

括工程五館、綜合一館，造型色彩均多樣化。百年樹人──交大世紀之慶特刊編輯委員會編，《百年樹人──交大世紀之慶特刊》，頁 153。

7. 阮大年校長任內完工之學生宿舍爲學生十二舍（共 638 床，1989 年 4 月開工，1991 年完工），期間並規劃學生十三舍（816 床）、研究生二舍（600 床）、教職員單身宿舍、博愛街學人宿舍等建設。《國立交通大學中程校務發展計畫書──八十二至八十五年度》，國立陽明交通大學藏，典藏號 100-0301-003。

8. 阮大年校長任內中長程發展計畫中，曾規劃籌建約 15,000 平方公尺地板面積之行政大樓。《國立交通大學校務報告──報告人：校長阮大年》，國立陽明交通大學藏，典藏號 101-0100-002 79。

9. 行政院於 1988 年 8 月核准交大籌建「國家次微米元件實驗室」，實驗室於 1992 年 8 月正式運轉，1993 年 6 月 28 日核准更名爲「國家毫微米元件實驗室」，現爲陽明交大光復校區固態電子系統大樓。「國立陽明交通大學發展館」：https://museum.lib.nycu.edu.tw/?page_id=936，擷取日期：2023 年 6 月 11 日。

10. 浩然圖書館於 1991 年著手計劃，1993 年動工，1996 年完工，命名爲「交通大學浩然圖書資訊中心」。該中心爲地上八層地下一層建物，營建工程由交大傑出校友殷之浩（浩然爲其名號）「大陸工程公司」負責。浩然圖書館由國立中央圖書館設計者陳柏森建築師負責設計，爲六年國家建設項目之一。「國立陽明交通大學發展館」：https://museum.lib.nycu.edu.tw/?page_id=938，擷取日期：2023 年 6 月 11 日。

11. 電子與資訊研究中心於 1984 年 7 月成立，電子與資訊研究大樓於 1993 年開工，1996 年完工。百年樹人──交大世紀之慶特刊編輯委員會編，《百年樹人──交大世紀之慶特刊》，頁 171-172。

12. 潘冀建築師曾獲國家文藝獎等榮譽，交大活動中心於 1996 年獲得臺灣省政府優良建築設計獎。鄭榮裕，《建築師事務所品牌經營策

略 ── 以潘冀聯合建築師事務所爲例》（臺北：國立臺灣大學管理學院碩士在職專班國企業管理組碩士論文，2018），頁 27-29。交大學生活動中心於 1992 年完工，內部設有可容納 345 人的演藝廳、多功能實驗劇場、露天劇場、學生社團辦公室及全校師生生活之多元化設施。編輯室，〈理工校園 孕育藝文情致〉，《交大友聲》第 342 期，1992 年 8 月；「潘冀聯合建築師事務所作品」：https://www.jjpan.com/project/education/student-activity-center-for-NYCU，擷取日期：2023 年 10 月 3 日。

13. 中正堂前廣場及資訊館、工程一、二館與科學一館間庭園已規劃徒步區，並陸續移植大樹美化，加上現有「思園、新生館」周遭，交大已設置兩個徒步區。〈國立交通大學第一八三次行政會議紀錄〉，國立陽明交通大學藏，典藏號 100-0102-026；〈本學年第二次校務會議重要決議摘要〉，《交大校訊》第 38 期，1991 年 12 月 10 日，第 1 版。

14. 交大第九男生宿舍地下蓄水池，1988 年發生清洗工友中毒事件，罹難者爲總務處外工班林殿鑾、傅正光及范兆青三名工友。〈交大清洗蓄水池 發生意外 三工友死亡 搶救致昏迷學生無礙〉，《民生報》，1988 年 9 月 12 日，第 15 版。

15. 計算尺爲小型電子計算機出現前的一種尺狀計算工具，具有滑動機構，和主體有對數刻度相對應，利用刻度的移動對照，可化乘除爲加減，簡化算數的步驟。「教育部重編國語辭典修訂本」：https://dict.revised.moe.edu.tw/dictView.jsp?ID=88810&word=%E8%A8%88%E7%AE%97%E5%B0%BA，擷取日期：2023 年 2 月 15 日。

16. 〈通識教育增新課目 層面廣 富選擇性〉，《交大校訊》第 1 期，1988 年 1 月 1 日，第 2 版。

17. 成立於 1988 年的「應用藝術中心」爲「藝文中心」前身，下設電腦音樂（吳丁連博士規劃主持）及視覺藝術工作室等單位，後增設演藝廳、實驗劇場、廣播電臺，1992 年改名「藝術與傳播中心」，隸屬人文社會學院，2000 年 9 月更名「藝文中心」，爲校內一級行政、

教學兼研究單位，現改為二級單位，隸屬於博雅書苑。游惠琴，〈校園藝文火車頭——交大藝文中心〉，《交大友聲》第 385 期，2001年 4 月。

18. 吳丁連為加州大學洛杉磯分校（UCLA）作曲博士，1988 年應交大阮大年校長之邀，擔任臺灣第一所電腦音樂工作室主持人，並曾任交大音樂研究所所長。「國藝會補助成果檔案庫」：https://archive.ncafroc.org.tw/composer/composer_file?id=4028888d66ba9e070166ba9e3045027a，擷取日期：2023 年 10 月 1 日。

19. 〈毛部長蒞校訪視　傳播藝術與人文社會學院　獲得首肯　計畫增設〉，《交大校訊》第 26 期，1990 年 9 月 10 日，第 1 版。

20. 《國立交通大學第四學院規劃構想（五年計劃——民國八十年至八十五年）》，國立陽明交通大學藏，典藏號 301-0004-0002-031。

21. 人文社會學院成立於 1995 年，涵蓋人文、社會與藝術三個領域。其中應用藝術研究所成立於 1992 年，初設音樂與設計兩組，音樂組前身為 1988 年成立之電腦音樂工作室，2000 年獨立成為音樂研究所，設計組於 2000 年獨立為建築研究所。〈從應藝所到應藝所〉、〈交大音樂研究所簡介與願景〉、〈交大建築研究所——打造數位城市中心〉，《交大友聲》第 382 期，2000 年 10 月。

22. 交大於 1961 年由美國 IBM 公司引進國內第一臺電腦。百年樹人——交大世紀之慶特刊編輯委員會編，《百年樹人——交大世紀之慶特刊》，頁 59。

23. 〈計算機中心新購迷你超級電腦〉，《交大校訊》第 24 期，1990年 5 月 10 日，第 2 版。

24. 校園資訊網路系統於 1988 年 3 月啟用，為國內校園之首創，學生可上網查詢各項學生活動與校方各單位所屬業務或通告。百年樹人——交大世紀之慶特刊編輯委員會編，《百年樹人——交大世紀之慶特刊》，頁 187。

25. 世界第一套學生宿舍光纖網路，於 1992 年 4 月 8 日交大 96 週年校慶日啓用，學生可在寢室連結上網，使用校園資訊網路、臺灣學術網路與國際學術網路資源。百年樹人 —— 交大世紀之慶特刊編輯委員會編，《百年樹人 —— 交大世紀之慶特刊》，頁 188。

26. 阮大年赴任交大校長前，曾有幾位教授到家中「口試」，最後覺得他會尊重交大傳統並配合教授的觀念治校，因此接納其爲交大幫的一分子。阮大年以低姿態進入校園，且一貫以團隊爲重，因此在交大幾年任期中，雖尙無「教授治校」之名，但卻有教授理念治校之實。阮大年，〈跨越世紀的交大　賀交通大學 103 年校慶〉，《交大友聲》第 373 期，1999 年 4 月。

27. 爲獎勵教學優良教師，提升整體教學成效，交大於 2000 年 5 月 15 日舉辦首次傑出教學與優良教學獎選拔。〈國立交通大學八十八學年度第四次校務會議紀錄〉：https://secct.sec.nycu.edu.tw/wordpress/wp-content/uploads/MeetingMinutes_download/univ/88/univ890614.pdf，擷取日期：2023 年 2 月 18 日。

28. 阮大年卸任教育部政務次長前表示，他到交大之後，將和清大校長研究恢復梅竹賽。梅竹賽 1987 年初曾復賽，卻又因燃放鞭炮事件暫時停止比賽。〈阮大年、有構想　梅竹賽、要恢復〉，《中國時報》，1987 年 5 月 6 日，第 6 版。
1987 年梅竹賽以友誼賽名義復賽，1988 年 3 月 11 日開幕典禮中，交大校長阮大年表示本屆清大主辦，他是以「來賓」而不是「來兵」身分致詞，而他上任才一年，當然想獲勝，但是交大對地主清大多少要客氣些；但也因爲清大是地主，相信清大自己也不好意思贏，所以交大還是必須要贏。〈其爭也君子　梅竹賽揭幕〉，《民生報》，1988 年 3 月 12 日，第 21 版。

29. 交大當年度梅竹賽獲勝，大專棒球賽亞軍，獲頒教育部「體育績優學校獎」。〈訓導工作一年來的回顧與展望〉，《交大校訊》第 14 期，1989 年 4 月 9 日，第 4 版。

30. 交大體育組建議每年定期與清大舉辦聯合校運會，獲得兩校校長同意，訂於 1988 年 11 月 25、26 日舉行，爲全省大專院校體育活動創舉。另外兩校於 2 月 1 日起，實施公文信函兩校區間直接傳送。〈創新構思聯合校運〉、〈本校與清大直接傳遞郵件〉，《交大校訊》第 2 期，1988 年 2 月 1 日，第 4 版。

    交大、清大兩校文書組協商設立之「梅竹信箱」，每天上午 10-11 時由交大派員將致清大之函件送至清大，並取回清大致交大之信件。〈梅竹信箱請多利用 中文打字更替正楷〉，《交大校訊》第 12 期，1989 年 1 月 10 日，第 4 版。

31. 〈兩校圖書證 一證兩用 共享圖書資源〉，《交大校訊》第 13 期，1989 年 3 月 10 日，第 2 版。

32. 新竹地區大學院校校際選課協調會於 1991 年 11 月 27 日舉行，決議交大、清大、竹師、中華工學院四校間校際選課於下學期開始實施。〈本學年第二次校務會議重要決議摘要〉，《交大校訊》第 38 期，1991 年 12 月 10 日，第 1 版。

33. 〈國立交通大學七十九學年度第二次校務會議紀錄〉，國立陽明交通大學藏，典藏號 100-0101-009。

34. 野百合學運爲 1990 年 3 月 16 至 22 日期間，約六千名臺灣各地學生在中正紀念堂廣場靜坐抗議，並提出「解散國民大會」、「廢除臨時條款」、「召開國是會議」和「政經改革時間表」四大訴求。 時任總統李登輝依照對學生的承諾，召開國是會議並廢止《動員戡亂時期臨時條款》，終結「萬年國會」。李酉潭，〈野百合學運與臺灣民主發展〉，《新世紀智庫論壇》第 49 期，2010 年 3 月 30 日，頁 76-80。

35. 「交大學生會籌備工作室」於 1988 年成立，1990 年 3 月 22 日野百合學運結束之日，通過《交大學生會章程草案》，5 月 3 日《交大學生會章程》三讀通過，當日阮大年校長表示：「今天發生了兩件大事，一是郝柏村先生即將出任行政院長，一是交大學生會的成立。」賴彥丞，〈學生自治的法制改革：談教大學聯會於合校初期之修法

沿革〉，國立陽明交通大學藏，典藏號 307-0001-0002。

36. 〈國立交通大學第一七六次行政會議紀錄〉，國立陽明交通大學藏，典藏號 100-0102-026。

37. 「交大科技管理研究所」成立於 1991 年，首任所長爲袁建中教授。王瑩珏，〈交大科技管理研究所　十年有成〉，《交大友聲》第 383 期，2000 年 12 月。

38. 中華民國科技管理學會 1990 年 12 月假國立交通大學成立，時任交大校長阮大年出任創會理事長，時任交大教務長陳義揚擔任首屆秘書長。「中華科技管理學會官網」：https://www.csmot.org.tw/about/15th-anniversary-review.html，擷取日期：2023 年 4 月 9 日。

39. 財團法人臺北市新生代社會福利事業基金會成立於 1987 年 12 月，設立登記法人代表與董事長爲時任交大校長阮大年。該會曾於 1988 年發起「大家來作伙」活動，董事長阮大年宣布將向各界募集 1 億元，捐給全國總工會，作爲勞工服務經費。〈服務勞工促進和諧　業界慨捐九百萬元〉，《聯合報》，1988 年 5 月 22 日，第 11 版。

40. 「臺北市社會福利聯合勸募協會」成立於 1990 年，兩年後改登記爲「中華社會福利聯合勸募協會」，成爲全國性非營利組織，創會理事長爲時任交大校長阮大年。中華社會福利聯合勸募協會，《中華社會福利聯合勸募協會三十周年紀念特刊　1992-2022》（臺北，中華社會福利聯合勸募協會，2022），頁 7-8。

41. 美化環境基金會成立後曾舉辦垃圾桶設計比賽，並依評選結果製成臺北市忠孝東路四段兩側垃圾桶，在造型和色彩和使用上有所改進，並把名稱改爲「分類清潔箱」。蔡玲，〈清潔箱也可以美麗〉，《民生報》，1988 年 8 月 14 日，第 5 版。

42. 當時阮大年校長社會服務行程很多，來學校的時間較少，有位資深教授曾開玩笑說：「我天天都有看到阮校長啊，不過是在電視上」。鄧啓福口述，周湘雲紀錄，《無求常安：鄧啓福口述歷史》（新竹：國立陽明交通大學出版社，2020），頁 259。

43. 宏碁董事長施振榮獲頒交大「名譽工學博士」學位時表示，他在交大就讀電子工程系所時，心中願望之一是將來要當交大校長，並且先從交大活動中心主任做起。李珣瑛，〈企業經營成就受交大肯定 施振榮獲頒名譽博士學位〉，《經濟日報》，1992 年 6 月 13 日，第 9 版。

44. 阮大年應邀擔任宏碁「龍騰科技報導獎」執行委員會主任委員，提及施振榮大學時期最大志願是擔任交大校長，如今已經是傑出企業家，如果施振榮有意思，兩人可以商量互換角色。李若松，〈施振榮想當交大校長？阮大年妙語詢問校友！〉，《聯合報》，1989 年 2 月 23 日，第 4 版。

45. 東海教授會提出校長應擁有國際聲望之大學博士並具有教授資格、國際知名之學術聲望、多年行政經驗、宗教信仰合乎東海立校精神、社會人脈關係良好、品格崇高受人尊敬、年齡 60 歲以下等條件。因此教授提案建議徵召阮大年出任校長。葉志雲，〈東海大學新任校長人選 董事會積極運作 教授會建議徵召阮大年〉，《中國時報》，1992 年 1 月 8 日，第 14 版。

46. 依據法規及慣例，公立大學校長任期每任三年，得連任兩次，因此公立大學校長通常會做滿九年。阮大年「跳槽」傳聞，引起交大師生關切，交大教授聯誼會發動簽名挽留阮校長至任期屆滿。陳碧華，〈阮大年傳「跳槽」交大人極關心〉，《聯合報》，1992 年 1 月 31 日，第 6 版。

47. 東海大學於 1973 年設置農牧場，1985 年成為國內大學唯一領有「經濟部工廠登記證」的校園工廠，牛乳品牌多年獲得「金字招牌獎」。東海大學校史編輯委員會編，《東海大學五十年校史（一九五五 – 二〇〇五）》（臺中：東海大學，2006），頁 97-98。

48. 阮大年表示，回東海的原因很簡單，因為他是東海大學校友。但從國立大學轉到私立大學要說是為東海犧牲，是很「難受」的。對他來說，這是「賭博」，因為將來從私立大學離開後，不知要到那裡；在國立大學，離開時起碼會有人為你安排出路。我決定「讓主一直

帶領」。陳碧華，〈從國立大學轉到私立大學 決「讓主一直帶領」阮大年：回東海是「賭博」〉，《聯合報》，1992 年 2 月 24 日，第 6 版。

49. 李家同博士 1993 年 3 月起代理清華大學校長職務，原與李遠哲同爲清大校長熱門人選，後秉持宗教家熱忱，與阮大年一樣到臺中，出掌靜宜大學校務。李若松，〈李家同 虔誠的天主教徒願到天主教學校 清大代校長 將接掌靜宜〉，《聯合報》，1993 年 10 月 28 日，第 6 版。

50. 阮大年在教育部政務次長任內頗有建樹，若繼續擔任交大校長，未來應是問鼎教育部長的人選，阮大年則認爲：「人不應該隨波逐流，能成爲東海第一個校友的校長人選，且獲得唯一提名、教授會全票通過，我覺得很光榮。」張麗君，〈阮大年不汲汲名利 願回母校辦學〉，《民生報》，1992 年 2 月 24 日，第 13 版。

51. 交大師生對於「有個性、有作爲」的阮大年校長評價不錯，曾共事多年的教授表示，阮校長處理行政工作絕對「充分授權」，凡事只掌握基本原則，知人善任的作風相當可貴。而阮校長常在外參與公益及社會服務團體，對於許多問題，他的思慮及想法也已超脫由學校本位或自己專長領域來考量。潘大芸，〈捨國立而就私立大學校長 他是第一人 阮大年不眷戀權位 爲理想而執著〉，《中央日報》，1992 年 2 月 24 日，第 5 版。

第六章

毀譽不動於心

執掌東海與中商時期

回東海當校長之前，我到處都很
Popular，做事也都算順利，上帝才讓我
去東海冷卻一下，教我不要太得意。當
我沒落一陣之後，再來到臺中商專這個
很安定的學校，不太需要多做些什麼，
只要順水推舟、一步步慢慢幫助它改變
體質就好，這也是上帝想要給我一些安
慰吧。

1. 漂亮的犧牲打

1992 年 7 月 11 日，我正式接任東海大學第五任校長，交接的時候很熱鬧也蠻轟動的，祝賀花籃從交接典禮的路思義教堂一路排到大馬路口，看起來一片欣欣向榮。畢竟我是臺灣第一個國立大學到私立大學當校長的人，交大也有四、五十位教職員特別到東海送我上任。只是這時候的東海，已經和我唸書時很不一樣了：我在東海讀大學時，全校學生只有八百人，經過梅可望校長十多年的經營，我接校長那年，學生已經增加到一萬二千人，學校財務狀況很吃緊。

東海大學校長交接典禮，左起阮大年校長、周聯華牧師、梅可望前校長，1992 年 7 月
11 日攝於路思義教堂。（圖片來源：阮大年）

梅校長在黨、政、軍、警各方面關係都很好，市政府、警察局、軍方高層每個月都會到東海開會，聊聊臺中或者政壇的事，他卸任後這個會議就取消了。即使他人脈這麼廣，也動用各種資源開闢省政訓練班、夜間部……，[1] 用盡各種方法幫學校增加經費，最後還是壓不住學校裡的派系聲音而下臺。[2]

本來我回東海接校長的意願並不高，反對我離開交大的人也很多，後來周聯華牧師勸我，說他知道現在東海校長很難做，但是他願意再回來接董事長，希望我也能一起努力。周聯華牧師名望很高，是個很慈祥的人，我唸東海的時候他是董事長，我當東海校長時他第三度當上董事長。[3] 他常說大家努力打好一場球，投手投不好可以換投手；我聽起來當然覺得有點不大對勁，我可是放下全部到東海，不會投一局就走！

最後我點了頭，但是心裡也很清楚，這場賭博我賭輸的機會還蠻大的。就算是回大學母校當校長，畢竟我也畢業三十多年了，學校裡根本沒有熟人，需要重新熟悉環境，更何況還是單槍匹馬上任，沒有自己的團隊。可惜學校沒有給我太多了解的時間，我才上任，校友會第一屆「有心校友」就說給我三年，三年內趕不上臺大，就要請我下臺！

我相信老校友們是「愛之深責之切」，東海確實也是很不錯的學校，但是未免把趕上臺大想得太容易了，[4] 三年內要從 60 分變成 80 甚至 100 分，只能說是不可能的任務。學校裡有幾位學

術成就很好的教授，比方蔣勳也在東海，但是大家不太願意來做行政，只專注在自己的研究上，大家個性不同也沒辦法。如果大家知道學校有問題，那就應該來幫忙，不過說風涼話比較簡單就是了。幸好至少在我任內，東海在教育部私立大學評鑑的成績都還算不錯！[5]

重建創校精神

我知道接校長大概是「犧牲打」，可是也要打得漂亮，上任後第一件事，就是依據大學法把校名的「私立」兩個字拿掉。臺灣的觀念就是這樣，加了「私立」好像就被矮化了，有點像畢業證書要加註「夜間部」或「在職專班」，免得「污名化」日間部正規班。拿掉「私立」雖然不是壞事，說到底還是有點自卑感作祟，應該要想辦法改善自己的問題，而不是整天想要改名。[6]

我當學生的時候，最喜歡東海的通識課，音樂、藝術、宗教這些課程正好適合我這個 Master of None（萬事通卻博而不精）。雖然我常說 80 分主義，其實我是「通才主義」，覺得人不要因為唸書把身體搞垮，也沒有人生觀，只會讀書像書呆子一樣，就算拿了第一名又如何？像交大就有點太「硬」了，後來才多一點人文，比較接近我重視的「平衡」。只是東海學生從八百人變成一萬多人，又沒有規定要住在學校，學校好像就慢慢沒那麼強調人文教育了。

所以我當東海校長時，一直想著要恢復這種很好的通才和通識教育，在 1993 年成立了通識教育中心。而且我認爲通識教育應該要「廣」，廣泛學習文學、音樂這些領域，但不是專攻某幾位藝術家的作品，或者像有些大學通識課居然開珠寶鑑定這類課程。我覺得這些叫做「專業教育」，很專精也很了不起，但有點太 Narrow（狹隘）；通識課程能讓學生自由選擇，卻不應該搞混了它的核心精神。

　　反正我很贊成通識教育，1994 年還創辦了東海表演藝術月，像音樂系一些單位也很努力推廣。講到音樂系我又想起一件小事：以前歸國學人可以帶一部車子回國，我就把在美國八、九年時間買的黑膠唱片塞進汽車後車廂運回臺灣，後來我把這批寶貝全都送給東海音樂系。我唯一氣的，就是當時學校把這些唱片全部堆在地上沒人管，我很傷心可是又不能拿回來。黑膠唱片叫 Vinyl，現在又流行起來了，可見眞的是很寶貴的資產。

　　東海學生人數增加以後，以前的勞作制度也做不了，至少不需要那麼多學生來掃廁所了。但我還是決定恢復了停辦很多年的全校勞動日，重新設計了一套類似工讀的制度。[7] 不管通識課程或者勞作制度，這些都是東海很好的傳統，只是後來不那麼受到重視。我到中原當校長時，把這些從東海開始、追求身心靈平衡的「全人教育」理念帶過去，現在反而變成中原強調的辦學特色，東海好的東西都被人家拿去用了！

我也覺得校長作為大學的掌舵手，應該要向外發展。我最怕校長把自己「做小了」，變成「事務官」守著自己的校園，把學校變成像「孤島」一樣。我比較想突破自己，不想太小家子氣，希望能和別的學校連起來，就是我常說的 United，變成四海一家。所以剛到東海時，我除了常跟教育部反映私校學雜費徵收標準要調整，[8] 我也覺得私立大學應該團結起來，財務公開化同時提升學術研究水準。1993 年東海就和二十多家私立大學院校成立了「中華民國私立大學校院協進會」，可能我在外面還算紅吧，後來也當了幾年理事長。[9]

　　1994 年李遠哲當教改會召集人，當時教育部長郭為藩認為，私立大學至少要有一位代表，新聞傳說教育部打算把我增聘為委員，一些委員就放話說要退出教改會。進不進教改會我無所謂，如果這些委員可以站在私立學校的立場幫忙說話也很好，最後我才決定不加入教改會，我只是不知道這些委員為什麼好像很仇視我的樣子？[10]

　　不像有些學校怕麻煩，我還很喜歡和其他學校合辦運動會，我在中原時有四中聯誼賽，在交大有梅竹賽就不用說了，到東海之後又和中興、逢甲、靜宜組成「臺中四大學競賽聯盟」。本來我和靜宜校長李家同就熟，逢甲大學校長楊濬中的夫人是東海教授，我們三個人很快就談定了，後來中興大學也參加，我又被推舉為聯盟主席。[11] 競賽聯盟比賽項目不多，原本規劃後續會再增

加橋牌、球類比賽，主要是想讓幾所學校有個聯誼機會，後來幾位校長卸任以後，好像就沒有繼續了。

　　除了不同學校間的校際聯誼之外，畢業校友同樣必須用心經營，我一上任就到美國、港澳還有全臺各地拜訪校友，校友捐款數字成長蠻多。[12] 1993 年為了興建學校最大的一棟建築——「綜合教學大樓」，學校設定了要在三年內募集一億二千萬經費的目標，1995 年 2 月我還辦了四天三夜環島校友募款餐會。一般校

首屆「臺中四大學競賽聯盟」，阮大年與中興大學校長黃東熊（左一）、靜宜大學校長李家同（中）合影，逢甲大學校長楊濬中因公出缺席，1995 年 4 月 28 日攝於東海大學。（圖片來源：阮大年）

友對我很好，只要學校需要，捐錢或做什麼事情都很願意，這幾年募款成績還算不錯。只是沒想到，興建綜合教學大樓才是真正考驗的開始。

引爆潘朵拉的盒子

之所以決定要蓋綜合教學大樓，是因為原本的教室太舊，對一萬多名學生來說，教室數量也不夠，上課得要跑很遠，這確實是東海最需要的建設。我是很省錢的人啊，行政大樓和校長室都沒重蓋，但是我認為一定要趕快集中所有的經費來蓋教室。結果一些學生就跳出來，抗議學校要砍掉相思林蓋大樓，部分東海校友甚至其他不相干的大學教授也在罵，認為以前從臺中山下就能看到東海有一大片很漂亮的相思林，現在相思林已經愈來愈少了，既然校地那麼大，為什麼非要用相思林來蓋建築？

很多反對理由其實「似是而非」，甚至是「為反對而反對」。現實情況是：東海有很多水利地，因為水土保持限制，大多已經拿去種樹，能夠蓋房子的土地很少，校區有很大一塊地也只能作為農場，才選出圖書館跟相思林之間的空地來蓋大樓。所謂「環保」不是一棵樹都不能砍，相思林生長十多年就會開始枯萎，也有長蟲的問題，蓋房子難免需要砍掉一些樹，就可以順便把一些狀況不好的樹處理掉，學校也沒說要砍掉所有的相思林啊！學生覺得真正重要的樹，學校還可以規劃移植，順便美化校園。

要東海好，得要一步一步來，不能太過意識形態，可惜後來有些抗爭已經變成單純的謾罵。我到抗議活動現場跟學生一起坐在地上溝通，我對學生說：「我不是來吵架的，我是來做東海校長的，不是來做東海公園園長，樹木重要，樹人更重要！」但是有些學生已經沒辦法理性溝通，對師長一點都不尊敬。最後校務會議還是通過了興建綜合教學大樓計畫，我也宣布捐出一百萬薪水「拋磚引玉」，希望更多人用正面的實際行動來「愛東海」。

　　東海校園有些還是郵政總局的地，我回東海以前，郵政總局要砍掉部分相思林蓋郵件轉運中心，東海師生就已經抗議過一次。1993 年郵政總局又要砍樹蓋電腦中心，東海師生再發動抗議，我也想辦法去溝通，最後也沒成功，如果東海硬要把人家地主趕走，那不是跟土匪一樣嘛！[13] 另外，臺中工業區聯外道路想要「經過」東海校園的案子吵了很多年，我的原則是：學校不能被聯外道路分成兩半！臺中市政府當然想了很多方法，比如設高架路通過東海校園，可是工程太大又不太好看，最後這個案子也就不了了之。[14]

　　東海當時真的很辛苦，外爭內鬥的，怎麼能夠安定呢？我接東海校長前，很多人寫了一堆「告狀信」給我，我到底該聽哪一個？最後乾脆單刀赴會，先去了解實際情況再來處理。東海本來就是很民主的學校，有所謂國民黨黨內勢力和黨外勢力，有校友派和非校友派，還有基督徒派和非基督徒派。整個學校裡不同的

聲音很多，每個都是小眾，校長幫哪一邊，另一邊就有話說。我當時沒有「西瓜偎大邊」，是因為沒有「大邊」可以靠，做任何事情，反對意見的人一定比較多。如果能再重來，我應該要選一些熱心的人來幫我，通常基督徒跟我的觀念會比較相近，可是要立刻改用自己人馬也不太可能。

基督徒有個毛病，別人得意的時候就不太願意過來湊熱鬧，好像怕被人家講「攀附權貴」、「拍馬屁」，等到別人失意的時候，才願意出來幫忙。其實大家應該告訴我問題在哪裡，他們大概以為我從教育部出來，應該比他們更了解問題，未免把我看得太偉大了，而且我根本沒有團隊。就算有熱心的基督徒願意幫我，一定又會有人跳出來罵，偏偏抗議的人又不願意幫忙。無論如何，我都不應該全部沿用舊有的班底和制度。畢竟學校裡一些行之有年的措施，有很多人不滿，原本被壓抑著，最後到我任內一次引爆，就像潘朵拉的盒子被打開了！

當時東海有個狀況，就是夜間部、推廣部這類的工作加給很多，梅校長給的福利，大家覺得太多了。學生和教授就開始批評我的薪水太高，不應該領取額外的行政津貼和加班費，還有人檢舉我和推廣部員工集體逃漏稅。[15] 這些都是梅校長時期留下來的制度性問題，舊有人事架構也都沒改動，但是我認為就算津貼制度要合理化，也要慢慢減，不能要求一步到位；況且有做事人卻不能領加給，這些完全外行人的批評也有些過分。

接下來部分學生還在學校裡貼海報說：「所謂校友愛校，其實爲名爲利！」我眞的很心痛，怎麼會不了解狀況就先罵人，聽起來也很可笑。我經常講，我去一個地方要 Useful，否則我去幹嘛？我到東海是因爲我喜歡母校，我是來服務的，不是爲了拿這份薪水，交大薪水不差甚至更好，如果要講爲了「名」，交大的機會更多，以後做部長都有可能。從小我對很多事情都無所謂，就是怕被冤枉，說我爲名利到東海，就是冤枉我，讓我很受不了。

基督徒有一個好處，就是會自己反省悔改，是不是我做得不夠好。我當中原校長時，學校財務我都授權給總務、會計管理，董事會也看很緊，我確實不太會花太多精神注意細節。聖經說我們都有罪、要先悔改，就因爲這樣，有時候別人一批評我，我很容易先認錯，不太會去辯解，這會讓別人更認爲都是我的錯。最後我只能相信聖徒保羅講的：別人雖然論斷我，我也不見得那麼完美，等到將來上帝會判斷，人心裡的隱情會顯露出來。

學校裡風波不斷，有陣子我都要先經過一批抗議的學生，才能上樓去開會，一些董事也怪我沒做好，等於兩面受敵。事後司法都給了我公正的裁決，董事長也發公開信支持我，但是我對東海已經心灰意冷，決定把已經領的津貼捐回給學校。先前我曾宣布捐一百萬作爲教學大樓興建經費，本來很多教室都會掛上捐款人名字致謝，我就請學校不要用我的名字，最後學校決定把這間教室改爲紀念歐保羅教授，大樓落成典禮我也沒參加。[16]

做出自己的特色

剛回到東海的時候，我曾經針對學校面臨的問題和迫切需求，在校刊上發表過三篇文章，說明我找到的治病「藥方」。第一篇，我認為東海有很多老師很認真教學和做研究，可報紙都是報憂不報喜，報的都是相思林抗爭、東海校務很亂。海為什麼波濤洶湧？有時候因為不夠深，水愈淺的地方浪愈大，不如我們挖一個更深的海，把東海的教學研究做好，海水夠深就不怕起風浪。

第二篇我就說學校裡每個人都是拼圖的一小塊，看起來也許不完整，團結起來好好拼的話，最後會有一幅很美的圖畫。校長也許正好是嘴巴這一塊，比較顯眼但並不是最重要，大家也不要覺得自己不重要，就不去參與學校事情。第三篇我寫「舉手之勞」：不是出張嘴皮子、舉個手表決就是「教授治校」，要真的參與校務，好的要參與，不好的也要來補救。我認為如果這三點都能做到的話，東海就能夠慢慢變好。

文章發表以後，某位校友希望我不要繼續寫文章，好像有點刺激別人，家醜也不要外揚。其實外界早就知道東海整天吵吵鬧鬧，很多人又只願意動動嘴，卻不願意出來做事。顯然大家不願意面對事實，私底下又搞那麼多小動作準備取代我，上任第一年我心裡就已經有數：就做三年吧！

既然打定主意，我就不寫文章了，大問題不能改變，就從小

的改變慢慢做起，有些人也願意幫著我再一起努力看看。像我任期第二年起接主任秘書的社工系教授簡春安，還有昆蟲專家陳錦生，都是很熱心的基督徒，也是肯為學校犧牲的同仁。我們每天早上都會去校牧室一起為東海禱告，希望母校不要受到傷害，把一切都交給上帝安排，我覺得這是很有意義的一段回憶。我也很感謝上帝，這些人出路都很好，後來都到其它大學做校長了。

原本大家還以為我很戀棧校長的位子，等到我擺明只做一任以後，馬上風平浪靜，還有一些教授說我從第二年開始就做得很好，看看我要不要多做一任？也有人說我其實沒做得那麼爛，安慰我「人非聖賢」，好像說我是有缺點但沒關係，真的是愈幫愈忙。學校裡了解我個性的人不多，我並不在乎別人說我好壞，我也慢慢瞭解自己能力有限，能夠找到自己的角色、盡其在我就是了。更何況母校不要我，我愛你可是你不愛我，那我就認了。最後我對外聲明是我做得不好，也是我自己不要再續任。[17]

1995 年 7 月我卸下校長職務，好像服了三年兵役一樣，終於數完饅頭、脫離苦海。交棒之後我就不理「天下大事」，回去當教授教書，除了教化工系的課，我也很喜歡教通識課，講一些基礎科學。這段時間學生也不鬥我了，反而對我很好，加上東海本來校園環境就很好，我反而覺得很快樂，人生真的很奇怪。不到一年時間，有次我碰到教育部長吳京，他覺得我當教授太可惜，就推薦我去國立臺中商專當校長，教育部人事令在 1996 年 12 月

發布。離開母校之前，東海還頒贈了榮譽教授給我。

　　以前我覺得我在東海做得很差，還想著是不是害了東海，也沒幫上什麼大忙，因為大家的期望真的很高啊，我大概只做到 70 分左右吧，但是我至少做事憑良心，也很努力。現在回頭看，其實自己做得並不差，心裡也不自卑了，只是就算有小團隊幫我，也沒辦法力挽狂瀾。我認為當校長要有自己的特色 Unique，到任何地方要 Useful、Update、Upgrade、United，可惜我回到東海卻幾乎都做不到，很多都是環境的問題。

　　如果有人做得比我好，我相信上帝不會叫我去接校長，顯然當時不管誰來接校長，恐怕都沒辦法做得好，所以上帝才安排我來接，至少我還有自己的特色。我接任的時候大海正好波濤洶湧，卸任的時候已經稍微安定一點，雖然風還沒有完全平，浪也還沒完全靜，但是海已經比以前深了一點，我相信我做到了這一點。離開任何學校，我也不會捨不得，或者留下自己的舊勢力繼續干預校務。我的風格是不留一點痕跡，說我不念舊也可以，反正離開就離開了吧！

阮大年擔任東海大學校長任內於校園留影，校園建築與其就讀東海期間並無太大變化。儘管任期內校園紛擾，阮大年仍以「做出自己的特色」自許，卸任時也已將東海的「學術之海」挖得更深更廣。（圖片來源：阮大年）

2. 厚積薄發

　　卸下東海校長職務以後，我本來準備以後都不再管行政，行政實在太累了，做教授反而很好。教育部長吳京覺得我很有行政經驗，就算去專科當校長都好過單純教書，他又以為我住在臺中，就勸我接任勤益工專或臺中商專校長。勤益工專創辦人夫妻是基督徒，他們很偉大地把私人學校捐給國家，吳部長知道我是理工

背景，一開始他認爲勤益比較適合我。本來我也沒打算去，沒想到風聲傳得很快，臺中商專前校長郁松年就來拜訪我。

我是基督徒，一向比較關注弱勢，像專科學校和私立學校一般很少人會注意，我就比較重視它們的需求。在教育部的時候，臺中商專正好要蓋一棟很大的建築，能幫的忙我都盡量幫，郁校長對我特別感謝，其實我也是秉公處理。郁校長來找我，除了謝謝我過去的幫忙，也希望我考慮接下臺中商專校長，畢竟當時臺中商專算是專科學校龍頭，很多專科學校聯合招生都是臺中商專主辦。另一方面臺中商專規劃要升格科技大學，教育部告訴他們：請阮校長來，會快一點升格！ [18]

靠屁股不如靠頭腦

郁校長和我一樣是江浙人，人也海派，我們很聊得來，我最後才會決定接受他的邀請。接任臺中商專校長以後，有次我碰到李國鼎先生的秘書李偉，他說：「阮校長啊，人家職位都是愈做愈大，你怎麼愈做愈小？」

一般人認爲從教育部回到學校，地位就已經往下跌，我倒是沒有這樣覺得，所有教育工作都是平等的，我都一樣喜歡。就像我覺得教通識的老師非常重要，美國很多諾貝爾獎得主都在學校教普通化學或普通物理等基礎科目，他們認爲基礎知識最重要，臺灣就反過來，好像博士一定要在大學或研究所教書。

校長雖然可以不教課，但我還是喜歡教一些通識課，而且我認為商科學生更需要接觸文學、音樂、藝術、宗教、哲學這些領域。記得我教過英詩欣賞、中英文聖經、音樂欣賞這些入門課程，想辦法幫學生們打開一扇新的窗子，知道窗外有天，人生不要只封閉在自己的專業裡。有的學生還蠻喜歡我的課，混學分的也有，有來上課通常都會及格，能得到一些新觀念當然更好。

憑良心講，教育部對專科學校不夠好，我在教育部的時候，對技職體系就不太了解；也因為政府給的經費少，一般專科學校發展速度很慢。我剛到臺中商專的時候，有些教室還是用像小學一樣的課桌椅，都很破舊。既然教育部給專科的經費少，也只能節省著用，本來學校說要先蓋行政大樓，我認為應該先蓋學生需要的教室；目前學校裡最大的一棟綜合教學大樓（中商大樓），就是在我任內最重要的硬體建設。[19]

從中原、交大、東海到臺中商專，我的校長室幾乎都沒有變動，有些人還好意說要幫我看風水，或者說我的校長室格局太小，改風水未來前途才會好。我是不相信風水的人，自己的未來如果要靠屁股的坐向，那還不如靠自己頭腦、靠上帝！我最怕新官一上任就要看風水，位子換個方位，單位就會好嗎？表示這個人是靠屁股吃飯，這種長官就算了吧，頭腦我都不相信了，更何況屁股！這種人不過是為了幫未來找更好的出路，不用期待他會做什麼了不起的事。

所幸臺中商專是有塊「金字招牌」的專科學校，在商業方面的教學很有經驗，蠻多銀行界中高層主管都是校友。我們校友還蠻熱心的，也和母校有不少的建教合作，校務運作狀況和可運用的經費預算在專科學校中算很不錯了。臺中商專的另一個特色就是行政工作非常忙，整個學校好像二十四小時營運的便利商店，有二專、五專、三專、夜間部、空專、進專、推廣部、建教合作

阮大年任職於臺中技術學院校長時期，子女贈送的父親節卡片。由於父親節正值入學考季，阮大年在試務忙碌之餘仍抽空返家陪同子女用餐，顯示其對於家庭觀念之重視程度。（圖片來源：阮大年）

等各種課程，白天忙完晚上忙，晚上忙完週末忙，老師們真的很辛苦。我是很早睡的人，只好拜託副校長幫忙負責夜間部的工作，我實在受不了晚上還要上班。

臺中商專辦理招生考試的團隊很熱心，成員很完整，教育部就把五專、二專、二技、夜間部等很多聯招考試都委託給臺中商專辦理，等於暑假期間又要忙「招生大拜拜」，我反而比平常更忙，因為開會通常我都要當主席。辦理聯招有會議鐘點費、車馬費、視察費、監考費、閱卷費等各種津貼，有做事的人應當給合理的報酬，才能對辛苦的聯招工作保持熱情，這也無可厚非。

擘畫大學合校先驅

不過我接臺中商專校長的主要任務，就是幫助它升格為技術學院，接下來升格科技大學。臺中商專是所很安定的學校，很多人都希望維持現況就好，因為很多私立學校都升格技術學院，才被推著往前進。我原本以為升格很容易，希望三年內能夠完成，去了之後才知道最大問題是師資結構：因為臺中商專學制太複雜，兼任和碩士級講師太多，專任博士級教授、副教授太少，離教育部的升格標準還很遠。

臺中商專又是很有溫情的學校，很多兼任講師或約聘職員都是親朋好友，也經常有人送一些小東西給我請託事情，有時候還夾雜禮券、黃金之類的東西，都會被我退回。這種講究關係的文

化，我一直覺得不太好，我上任後就慢慢用各種方法來改善。特別是為了符合升格技術學院需要的專任教師比例，很多兼任講師就不再續聘，也擋下很多新進兼任講師的聘用申請。空出來的員額，我們就盡量補滿博士學歷專任師資，或者請老師自己出國進修提升，只是這樣一來難免得罪很多兼任講師和學校職員。

　　就這樣慢慢提升專任師資比例，還花了一些時間找新校區土地，又增加了管理、資訊、設計等科系，1999 年臺中商專才升格為「臺中技術學院」。校名部分，臺中商專倒是占了點便宜。像臺北工專變成臺北科技大學，所以臺北商專升格後只能叫「臺北商業技術學院」。臺中沒有「臺中工專」，當時我就讓學校趕快申請升格，又建議不要加「商業」兩個字，才會叫做「臺中技術學院」，也才有後來的「臺中科技大學」。

　　當時我又想到，加州大學在 Berkeley、Davis、LA⋯⋯ 很多城市都有分校，巴黎也有第一、第二、第三大學等多個校區，那時候我的野心很大，就提出一個很大的計畫：「臺中」的名字很好用啊，我們既然升格為臺中技術學院，下一步變成臺中科技大學，是不是找臺中護專、勤益技術學院和臺中地區其他學校一起弄個「臺中大學」？中興大學願意參與當然更好，這樣文、農、商、工學院有了，護理學院也可以慢慢變成醫學院。這個主意教育部也贊成，可還是辦不成，主要還是各校的本位主義問題。

　　例如中興大學是國立大學，當然不想再和我們合校，就算規

模較小的學校，校長也還是學校的頭啊，每個人都想當王。如果合併成功，其他學校認為大概就是由我做總校長了，畢竟我做過教育部次長和交大校長。我覺得想著誰當校長和校名這些細節，都太過短視近利了，等真正合併完成，我們這一批校長也都退休了，擔心這些很久遠的事情，真的沒有必要。

後來臺中技術學院和勤益技術學院、臺中護專開過很多次會，拖到幾個學校的校長都退休了，2011 年臺中護專才和臺中技術學院合併並升格為臺中科技大學。那時候很少合校成功的案例，後來陽明和交大這麼大的合校案能成功，更是不容易。我提出了合校的觀念，等於是前人種樹撒種，也不是說我多了不起或功勞多大，能讓後面的人歡呼收割才最重要。

在臺中技術學院服務到退休，算是我人生的收成期了，這段時間也得了一些獎項，算是對我多年公務和教育工作成績比較公允的總評。有張照片是我到臺中商專服務第三年的時候，行政院頒發給我服務獎章，所有得獎人和行政院長蕭萬長的合影。[20] 一起拍照的還有當時的行政院副院長劉兆玄，以前他是清大校長，我是交大校長，只是後來我們各自走上很不一樣的道路。我還得過教育界裡蠻重要的木鐸獎，[21] 這些獎牌證書很多現在都找不到了，名利於我如浮雲，這點我很看得開，過了就都過了。

聖經說：「肉體的情慾，眼目的情慾，並今生的驕傲，都不是從父來的，乃是從世界來的。這世界和其上的情慾都要過去，

行政院　蕭院長與獲頒服務獎章首長合影
中華民國八十八年五月十三日

阮大年（前排左二）獲頒民國 88 年行政院服務獎章，與時任行政院長蕭萬長（前排中）、行政院副院長劉兆玄（前排右三）、經濟部長王志剛（前排左三）、央行副總裁許嘉棟（前排右二）等獲獎人合影，攝於 1999 年 5 月 13 日。（圖片來源：阮大年）

惟獨遵行神旨意的，是永遠常存。」（約翰壹書 2：16–17）回首來時路，接任東海校長之前，或許是我到哪裡都很 Popular（受歡迎），做事也算順利，上帝才要讓我去東海冷卻一下，教我不要太得意。當我沒落一陣之後，又到臺中商專這個很安定的學校，不太需要多做些什麼，只要順水推舟、慢慢幫助它改變體質就好，

這也是上帝想要給我一些安慰吧。修身真的是一輩子的事，以前受苦的時候，絕對沒有辦法像現在體會那麼深刻，所以想想，我這一輩子也很夠了！

Freedom of Choice

人生一路走來，我都是信靠上帝的帶領，所以別人對我的批評，自己也不大願意去解釋；也有很多人說我文筆很好，說話很輕鬆又幽默，好像對很多事情都不在乎。如果真是這樣，就有點對不起上帝給我的教育、真理跟我自己了，其實大家並沒有看到我背後的觀念，對於這些評論甚至諷刺，我還是蠻在乎的，而且我絕對不是盲目地只做自己喜歡的事。

孔子講：「吾道一以貫之」，我做所有的事，後面也有一個「道」，或者說「中心思想」支撐。耶穌說：「我就是道路、真理、生命。」（約翰福音 14：6）約翰福音第八章又說：「真理必使你們得以自由。」我從小就信仰耶穌，很認同信仰耶穌就等於得到真理，更能得到自由。像共產黨強迫我們不能做很多事情，我當時還是小孩，就覺得他們講的絕對不是真理，因為不讓你自由的一定不是真理。

我認為上帝給人最大的恩典，就是 Freedom of Choice （選擇的自由權），我們一定要善用，這也是我一生都遵循的原則。例如我當學生時就很反對老師限制我們，最好的老師跟學校應該

能讓學生自由發展自己的優點，後來我也都用這個方式來啓發學生。我在中原服務時就經常對學生溝通：「不要一直批評學校不好，我們提供空間讓學生自由地、最大限度地發揮自己，這就是一個好的學校。」

　　當然我的觀念也是漸漸地更加成熟，到教育部服務後，我認爲各校系所除了配合國家需要，也要發展自己的特色，教育部應該尊重各校的決定，不要管太多！而對於學生，最重要的任務是啓發思想，不是管他的頭髮，或者限制人家不准出國求學。雖然有的政策後來沒做到，但我的方向絕對是「自由開放」，也多少改變了一些教育部的官僚氣氛。

　　後來到交大服務，我很尊敬交大的電子特色專長，也怕把大學「做小」了，就經常去校外做社會教育。有些教授覺得只能在電視上看到我，好像外務很多都不在學校，其實我是到外面爭取資源經費讓交大變廣、變大、變高，至少當時大家經常可以聽到交大名聲，這些都很重要。

　　也有教授說我都不上班「無爲而治」，其實不是我「偷懶」，是我「選擇」無爲而治。我向來不喜歡一天到晚去「關心」老師，去看老師在做什麼，就像我最怕被監考老師盯著寫考卷，很不舒服。我覺得應該尊重老師做研究的空間，學校負責給老師好的環境，有好的工具才能做出好的實驗，這種錢我絕對不能省，但是最好不要干涉老師的自由發展。

既然我用自由觀念來治校，做事方式也就跟一般校長不一樣，而且是跟隨我的「自由意志」而加以發揮。上帝給人選擇的自由權，而且我信仰上帝也等同於認識了真理，我就有了智慧可以很自由客觀地做出正確的選擇。如果不了解真理，就很容易拘泥於一般環境、食古不化或者隨波逐流。事實上我到每所學校都用同樣的自由開放觀念，給老師和學生自由發揮的空間，這是最好的學校和校長最應該做的事情。幸運的是，幾乎每所服務的學校都有很明確的共同目標，大部分同仁都很願意朝同一個方向努力，校務才能不斷向上發展，觀念層次也有所突破和提升。

註釋

1. 東海大學於 1978 年設立「教育推廣中心」，向各級政府、工商企業界展開推廣教育與建教合作，使東海與政、黨、商界關係日益親近。1978 年 11 月 20 日省政府與東海合作設立「省府員工進修班」，由東海教授團前往中興新村省訓團授課，為國內大學創舉。東海大學校史編輯委員會編，《東海大學五十年校史（一九五五－二〇〇五）》，頁 95。

2. 梅可望於 1978 年接任東海校長，面臨轉型期龐大財政負荷，梅校長動用人際關係及各方運作，包括以相思林校地向郵局貸款策略，使東海度過財務難關並崛起成為國內學術重鎮。潘大芸，〈梅可望愛校為校 沒有功勞也有苦勞 「反梅派」杯葛 似乎反應過度〉，《中央日報》，1992 年 2 月 21 日，第 5 版。

3. 周聯華三十六年前擔任東海大學董事長時，阮大年正好在東海大學就讀，三十六年後兩人分別出任董事長和校長。周聯華表示，他「硬」把阮大年「抓」到東海大學當校長，覺得對不起阮校長和交大，但為了東海的發展，也只好硬把他請來。陳碧華，〈董事會議中改選定案 東海大學人事案落幕 周聯華阮大年分任董事長校長〉，《聯合報》，1992 年 2 月 24 日，第 6 版。

4. 東海大學一向以私立大學院校「龍頭」自居，近年多所新成立私立大學院校及專科改制學院，頗有後來居上態勢。張麗君，〈阮大年不汲汲名利 願回母校辦學 反抗當年功利潮流 辦好私立大學才見真本事〉，《民生報》，1992 年 2 月 24 日，第 13 版。

5. 教育部於 1993 年評鑑私立大學〈1992 至 1995 學年度中程校務發展計畫〉，東海獲「總體辦學表現最優」。1994 年東海蟬聯教育部核定私立大學校院中程發展計畫「綜合大學」第一名。東海大學校史編輯委員會編，《東海大學五十年校史（一九五五－二〇〇五）》，頁 314-316。

6. 阮大年一向不贊成為「迎合潮流」而改名，他曾指出：「名字不代表什麼，實質效果最重要，否則最該改名的是常引人誤解的『交通大學』」、「如果改名有實質效果，我會建議我太太改名『崔苔菁』」。潘大芸，〈捨國立而就私立大學校長　他是第一人　阮大年不眷戀權位　為理想而執著〉，《中央日報》，1992年2月24日，第5版。

7. 東海於1993年2月成立「通識教育中心」，正式恢復通識教育傳統，學生需修習人文學科三學分、自然科學或社會科學概論三學分，其他通識科目二學分。1994年6月19日畢業典禮當日，則恢復停辦多年的全校勞作日。東海大學校史編輯委員會編，《東海大學五十年校史（一九五五－二〇〇五）》，頁108-109。

8. 教育部於1993年1月邀集八所私立大學校院長及教育部高教司長組成「改進私立大學校院學雜費專案小組」，由東海大學校長阮大年擔任召集人。張麗君，〈私立大學學費　將再攀高〉，《民生報》，1993年1月15日，第1版。

9. 東海大學校長阮大年表示，協進會成立主要目的在於建立私立大學院校形象，但也不是每所私立大學都可以參加協進會，要建立形象、提升水準，就必須要設門檻，比方財務公開，隨時可以讓教育部來查，最重要的是學術研究需達到一定水準。賴珮如，〈私校協進會阮大年任主委〉，《聯合報》，1993年11月15日，第6版。

10. 教育改革審議委員會委員名單中由於沒有私校代表，教育部長郭為藩便推薦阮大年代表私立學校，東吳大學物理系教授劉源俊認為違反教改會設置要點，也擔心行政院沒有改革魄力，宣布辭去委員一職。張志清，〈教改會　還未上軌道就已脫軌〉，《中國時報》，1994年9月29日，第6版。

11. 首屆「臺中市四大學競賽聯盟」1995年4月28日假東海大學舉辦首屆競賽，並推舉阮大年為首屆聯盟主席。首屆競賽舉辦男女拔河比賽、大隊接力及啦啦隊觀摩賽等三項競賽。林睿俐，〈推動校際聯誼　中市四大學締盟競賽〉，《民生報》，1995年1月26日，第18版。

12. 阮大年上任後，第一波赴美訪晤四百多位校友，接著又連續參加北、中、南及高屏等區校友聯誼會，隨後飛到香港參加港澳校友會。在他走訪海內外校友後，捐款數字也持續成長。葉志雲，〈阮大年 凝聚東海人向心力 接掌校務後走訪海內外校友 回饋母校捐款倍增〉，《中國時報》，1992年11月7日，第14版。

13. 梅可望校長上任後，1979年郵政總局欲興建「臺中港國際水路郵件轉運中心」，東海當局即以西端外緣二千坪相思林地提供有償使用，1982年完成「對等互贈」手續，1990年6月工程引發師生抗議。1993年8月25日中區郵政管理局欲興建「電腦備授中心」，派員砍伐相思林整地，新任校長阮大年出面協調無果，只能接受「地已非東海」事實。東海大學校史編輯委員會編，《東海大學五十年校史（一九五五－二〇〇五）》，頁105。

14. 臺中工業區於1975年規劃區外道路與臺中港路連接，需穿越東海大學西側校地，因東海大學存有異議而遞延，1993年3月臺中市第二次主要計畫通盤檢討審議案提報至省都委會，新任東海大學校長阮大年、董事長周聯華及相關人員，列席1993年10月的內政部都委會專案小組會議，在東海大學代表力爭之下，聯外道路一案遭到擱置。李杰穎，《以相思林之名──東海大學校園空間運動史（1987-2005）》（新竹：國立交通大學社會與文化研究所碩士論文，2006），頁193-195。

15. 東海大學爆發「推廣教育班集體逃漏稅」事件，檢舉箭靶原是對準現任校長阮大年。不滿阮校長的教授原本要給校長「好看」，不料國稅局將追案時間推進至民國78年，阮校長僅需追繳半年約5,000元稅款，前校長梅可望反而受害最大，補繳稅額多達20多萬元。葉志雲，〈東大檢舉箭靶原係對準阮大年 不意卻扯出前校長漏稅風波 梅可望「受害」最大〉，《中國時報》，1994年8月2日，第14版。

16. 歐保羅（Paul Stephen Alexander）為美籍動物學博士，1958年至東海大學生物系任教並擔任宣教師一職。江淑文，〈在安靜中呈現生命力的歐保羅〉，《新使者雜誌》第180期，2021年10月，https://

www.newm.app/blog/e4ab9583577，擷取日期：2023 年 7 月 23 日。

17. 東海大學校長遴選作業，一群校友發動連署並肯定現任校長阮大年三年的辦學成績。阮校長對此發表聲明，董事會已決議他的任期至 7 月 31 日止，校友的關心或推薦，他都秉持一貫立場予以婉拒，希望外界不要再揣測他交卸職務的誠意。陳錦慧，〈東大校長阮大年緊急聲明 強調交卸職務的誠意〉，《中央日報》，1995 年 7 月 8 日，第 9 版。

18. 教育部為加快臺中商專改制步伐，特別力邀一年半前辭去東海大學校長職務，且擔任大學校長經驗豐富的「超級校長」阮大年接掌校務。陳曼玲，〈若苗栗第二校區土地順利取得 臺中商專明年可望改制技院〉，《中央日報》，1997 年 1 月 14 日，第 16 版。

19. 綜合教學大樓為地上十二層、地下二層建築，2007 年落成命名為「中商大樓」。黃漢青編，《百年光華耀臺中：國立臺中科技大學一百週年校慶紀念專刊》（臺中：國立臺中科技大學，2019），頁 120。

20. 民國 88 年院屬各主管機關首長、副首長、政務職位暨所屬簡任十二職等以上機關首長、大專院校校長及相當職務人員服務獎章，國立臺中商業專科學校校長阮大年與經濟部長王志剛、中央銀行副總裁許嘉棟、財政部常務次長陳沖等十五人獲頒連續服務二十年二等服務獎章。程紹菖，〈政院服務獎章 二十八人受表揚〉，《中華日報》，1999 年 5 月 13 日，第 4 版。

21. 木鐸獎及服務獎為國內二十四個教育學術團體各推薦一人所產生，分別給予對於教育學術研究及服務有卓越貢獻人士，阮大年為 2001 年木鐸獎得主。李名揚，〈四十八位教育學術人士獲獎〉，《聯合報》，2001 年 12 月 16 日，第 18 版。

第七章

餘韻悠悠

退休似新生

人生很多時候都是上帝的安排，我自己
不見得喜歡，可是現在回頭看，會發現
這樣的安排其實很適合我。從事業發展
的角度來看，大家都說我「愈做愈小」
甚至「一路往下」，對我來講這反而是
上帝的恩待，讓我慢慢退隱，好好享受
安歇在青草地上的生活，非常優哉游哉。

1. 一生的功課

　　我一生都很虧欠家人，因為工作都在外地，彼此愈走愈遠 ......。

　　1971 年拿到博士學位以後，我和太太之所以決定回臺灣，除了應韓偉院長的呼召外，也是因為我曾答應媽媽唸完書要回來。沒想到 1975 年我爸爸從外貿協會退休後，我大姐就接他們去美國，用依親的名義長住。[1]大家常說「子欲養而親不待」，

阮大年父親阮壽榮先生 90 大壽闔家留影，後排左起依序為妹大玲、三姊潔芝、大姐靜方、二姐昭文、二姐夫熊固盈（為上海交大校友）和阮大年夫婦，前排坐者為阮壽榮與母親楊德貞，1994 年攝於美國。（圖片來源：阮大年）

我卻是「親不要」了，還有人說「父母在，不遠遊」，我反而是父母「遠遊」去了。

有時候去美國看他們，媽媽還是有點怨：「我對你那麼好，結果又不要我！」要走的時候她又會塞錢給我，因為媽媽認為我有四個小孩要養，我真的很不好意思。我心想：「沒養你們，我就已經很慚愧了，幹嘛要給我錢？」而且我沒那麼窮啦，錢也夠用，最後又偷偷放回抽屜還給媽媽。

我爸爸媽媽分別在 2002、2010 年過世，爸爸享壽 98 歲、媽媽 102 歲，如果平均一下，我大概可以活到 100 歲吧！現在除了四姐已經不在，大姐、二姐、三姐和小妹都住在美國加州附近。我大姐一生傳道未婚，幾位姐夫和妹夫都已經過世，姐妹們偶爾還會聚餐。二姐、三姐很關心臺灣，經常問我臺灣的狀況，感覺比我還關心，我 80 歲生日就是在美國和姐妹們一起過的。

比自己更好的另一半

早年臺灣企業有上海幫、山東幫和廣東幫，我丈人是廣東幫，他和山東幫的尹家，也就是尹衍樑的爸爸一起做紡織業，當時還做得蠻大的，後來就分開發展，我太太家公司現在主要做童裝進口代理和品牌經營。尹衍樑很積極，娶了我小姨子王綺帆，建築、保險、零售事業愈做愈大，當然壓力也大。他跟我是完全另外一回事，想起來很好玩，大官我看過了，大企業家我也看過

THE WHITE HOUSE
WASHINGTON

Happy 100th birthday! We are pleased to add our congratulations to your celebration.

You have led a remarkable life, and your experiences have contributed to the strength of our Nation. We join your family and friends in wishing you all the best on your special day.

Sincerely,

美國白宮致贈阮大年母親楊德貞女士百歲生日賀卡,署名者為老布希總統夫人蘿拉布希 (Laura Bush)。(圖片來源:阮大年)

阮大年(左起)、外孫朱瑋晨、獨子阮慕光、外長孫劉增皓與母親楊德貞女士合影,攝於 2009 年楊德貞女士逝世前一個月。(圖片來源:阮大年)

了，其實人生也就這樣。

我的丈人以前每次看到我就說：「你一定要做生意啦，才會有車子，否則每天坐交通車多辛苦！」確實，我經常在擠公車的時候看到我太太坐公司車回家，心裡也有點酸溜溜的，好在當上校長和到公家單位以後都有配車和司機。我太太因為在自家公司工作也有薪水，她從來不逼我要錢，我有多少就給她多少，所以我一向也不大考慮薪水怎麼樣。

我常開玩笑說，我太太除了參加我們的結婚典禮，很少參加我的活動，她都忙自己的工作。我太太最大的好處，就是不管我做什麼，她都無所謂。我得意的時候，例如當校長或次長，她覺得沒什麼了不起，當我變差了，她反而說：「有什麼關係，行政院長劉兆玄做得不錯，最後也是『被』下臺了，你還在做校長呢！就算是專科校長，最後也變技術學院，還是大學校長。」

所以我覺得有個好太太很重要，她肯接納你的一切：我得意的時候不在乎，失意的時候也不會討厭我，這種才是真的老伴。感謝神，給我這麼好的家庭，這麼好的 Better Half（比自己更好的另一半）。只是我太太很有自己的想法也看得很開，不喜歡或用不著的東西都丟了，我的很多紀念品就這麼找不到了。有時候我心裡也有點不是滋味，好像我做什麼家裡都沒人在乎啊！

無論如何，今年（2023）我們已經結婚 58 週年了，我最感謝的，還是她對我的恆久忍耐。也因為這段姻緣得來不易，更要

阮大年夫婦結婚 58 週年合照，攝
於 2023 年 6 月 19 日。（圖片來源：
阮大年）

好好珍惜，況且她爲我犧牲很多。比方我們結婚以後還沒準備好，
大女兒文蕙就出生了，等於整個改變了我們的生活，我太太也沒
辦法再唸書，還得要做事賺錢。

我們從美國回到中原服務，二女兒文芯、三女兒文薆和兒子
慕光陸續出生，有了三女一男之後，我眞的覺得人生已經十全十
美了。有件事回想起來也很有趣：老二、老三出生時，那幾年中
原同事幾乎都生女兒，特別是我們國外回來這批老師；等到我兒
子出生了，大家也開始生兒子。同事們都怪我，開玩笑說我對中
原的「風水」影響太大了！

說起來我是很戀家的人，有一次中原的同事到我家，看到我
一回到家，老三文薆就爬到我身上，好像猴子抓到樹一樣。他們

阮大年全家福，約攝於 2010 年。（圖片來源：阮大年）

本來覺得我在學校蠻嚴肅的，也覺得已經夠了解我，沒想到我回到家反而變了一個人，對我完全改觀，反而我自己沒有這種感覺。

最痛苦的一天

聖經《士師記》有一則故事：有一個人出去打仗，他向上帝許願，如果能平安歸來，碰到第一個迎接他的人，他都會獻給上帝作為燔祭；結果勝利後最先來迎接的，是他的獨生女。有時候我也會問：「上帝啊，祢是不是也要我願意把最好的獻給祢啊？」因為我 80 歲那年，文蔆中風了，上帝把我最可愛的女兒凍結起來了。

我這一輩子最痛苦的一天，是那天我早上六點多起床，發現怎麼我太太坐在客廳，兒子和二女兒站在旁邊。「爸爸你先坐下。」兒子說。我還想這是在幹嘛？他繼續說：「小姊腦瘤破裂昏迷了！」當下我只突然覺得，整個人生立刻從彩色變成黑白。上帝啊，拜託別開我玩笑！原來當天早上文蔚一直覺得頭痛，先生又在臺大醫院雲林分院當醫師，她通知文芯後就自己叫救護車去醫院，後來人就昏過去了。那時候真的很危險，全家人也都一起禱告，感謝上帝最後把她的命救回來了。

　　說起來我一輩子很順利，怎麼活到 80 幾歲，還碰到這種不幸？有時候我也會想，如果我 80 歲以前去世多好，顯然上帝想讓我甜酸苦辣都嚐一點；苦是從小受苦，辣是現在才嚐到，讓人幾乎快受不了的味道，如果沒有信仰，我應該會受不了。

　　我的人生曾碰到三段黑暗期，就像一直扎在心裡的三根刺。第一根刺，是在共產黨統治下生活的三年，發現原來自己的 IQ 靠不住，莫名其妙兩三門課不及格，人生也只能任由別人擺布。但至少我從此發現了自己能力有所不足，也不會再驕傲。第二根刺是回到東海當校長，大部分事情都身不由己。幸好前兩根刺都大概三年就解脫了，可第三根刺 —— 老三的病，還不知道多久才能拔掉。當然上帝的恩典也確實夠我用了，至少我已經享受過她四十多年來給我的愛。

　　聖經說：上帝讓你受痛苦，是用你受的痛苦去安慰，受同樣

痛苦的人。以前參加公益團體，會同情一些可憐的案例，用一種「幫忙」的態度去對待他們，但是不會覺得那麼扎心。我活到老才嚐到這麼「辣」的滋味，現在也更能體會別人的痛苦。

前陣子我做了一個夢，夢到我讀完博士以後，留在美國做事，生活就是一直做實驗，做到很無趣，可是錢比現在多；退休以後，我就跟太太回臺灣，只覺得很有錢、很快樂地、很榮耀地回來，還帶了兩個女兒。我醒過來以後想：這是上帝要讓我知道，上帝是因為我回臺灣，才賞賜老三和老四給我，讓我擁有那麼可愛的三女兒和很好的兒子。現在老三「部分」凍結起來，雖然我希望上帝不要收走她，可本來一切就是祂所賜，祂要收取我也就認了。只是我仍相信，慈愛的天父會有更好的安排和旨意。

仔細想想也對，我覺得我英文不錯，可也沒好到能很流暢地用英文上課，留在美國可能就只是做做研究，最後頂多做個 Group Leader（組長），薪水也會高一點。也許我太太在國外會比較快樂，可是她回臺灣也很快樂啊，有家庭和她自己的事業。我又很喜歡人，反而不那麼喜歡物，一直留在美國做研究，就怕太過專注於尖端科技反而和一般人脫節。留在美國就生不出那麼多小孩，也生不出那麼多「桃李」，所以我回國教書絕對是正確的選擇。

家族旅遊變裝聚會，1999 年攝於加拿大 **Banff** 景區。（圖片來源：阮大年）

家族北海道旅遊，攝於 2013 年。（圖片來源：阮大年）

與孫女阮以安合照，此為阮大年最喜愛的照片之一，約攝於 2015 年。（圖片來源：阮大年）

2. 我知道誰掌管明天

我覺得自己很幸運，退休以後很多人覺得很無聊，我反而覺得很「有聊」，事情做不完。我一直很強調「身心靈」的平衡，退休之後也是這樣安排生活。

在「身」的方面，我身體照顧得很好，就是運動不太夠，也很感謝神讓我還可以到處走動，出國也沒問題，唯一要注意的就是血糖。我這年齡的人多少都有三高問題，我就是血糖比較高，

其他都還好，這也是我自己造成的，因為我很喜歡吃美食，尤其愛吃甜食零嘴又不忌口。醫生覺得以我的年紀，血糖數字可以放寬一點，沒有太大問題，每天吃點藥就可以控制。

　　前陣子和高中同學見面，每個人都在抱怨身體不好，多少都有些症狀，我的身體算好了。像有些同學每次聚會都不來，因為怕確診新冠肺炎，可是什麼活動都不參加，那不等於已經死掉了嗎？既然那麼怕死，為什麼又不好好活著，半死不活地在那邊等死，然後又希望死亡慢一點來？講得不好聽一點，他們已經從「怕死」變成「厭世」，我真的不懂，應該活在當下嘛！

阮大年（後排左二）與東海大學第三屆在臺校友餐會合影，攝於 2022 年 11 月 9 日。（圖片來源：阮大年）

「心」的話更不用講，我從小就很喜歡古典音樂，特別欣賞舒伯特，[2] 他的作品情感面比較豐富，貝多芬和布拉姆斯的作品我也覺得很棒。以前我比較少聽馬勒、布魯克納，現在也慢慢接觸他們的作品，希望更加了解各種音樂的內涵意義。不管哪種類型的音樂，總是比較形而上一些，不會讓人覺得太過現實和市儈氣。

「靈」的部分，我每天都會讀讀聖經，電視上還有很多國外的教會聚會節目可以看，從以前到現在我也都一直參加詩班，在美國還曾經和詩班一起錄製中文版的韓德爾《彌賽亞》全曲唱片。我現在參加的團契叫「活水團契」，成員都是50歲以上退休人士，除了禮拜天做禮拜，還有各種聚會，復活節和聖誕節這些節日教會一定會有活動。

讓內心更細緻

本來我也喜歡看書，老了眼睛不好，只好看看電視，球賽以外還有很多很好的電影，看都看不完。我是喜歡變化的雙子座，聽聽音樂、看看球賽、玩玩電腦、打打橋牌、吃吃美食、做做禮拜，偶爾玩個拼圖也覺得很有成就感，非常享受我的退休人生，只怕時間不夠，怎麼會覺得無聊？

退休只是工作的休息、薪水的停止，也是聖經所說「外體的毀壞」。感謝上帝，一直有很多事情可以讓我繼續成長，可以「內心卻一天新似一天」。我比一般人幸運，從小就有信仰，敬畏上

2010 年阮大年與高中同學李祖原於北京鳥巢體育館前合影,「鳥巢」係李祖原為 2008
年北京奧運設計之作品。（圖片來源:阮大年）

師大附中 41 班花甲大慶同學會,阮大年（右四）與高中同學合影,攝於 2017 年 10 月
30 日至 11 月 2 日間。（圖片來源:阮大年）

帝就是靈性智慧的開端，學會敬天之後才會愛人。很多人活到老，靈都還沒有開竅，不會檢討自己，只想著要如何更有錢、更有名、活更久，那就很痛苦了。

　　現在唯一還改不過來的缺點，就是我的忍耐功夫太差。我是雙子座，聰明而且什麼東西都懂一點，但是只要我覺得沒有意義的事，我就不想做，故意來惹我或者碰到不守規矩的人，我的火氣更容易上來。有次我在臺中上班途中，被一部突然右轉的汽車嚇到，我一生氣就把手上的鑰匙丟過去，結果鑰匙掛在他車上，對方也沒發現，車就繼續往前開。幸好沒多久車子就停下來，我趕快趁車主離開偷偷拿回鑰匙。其實衝動真的沒好處，也是我自取其辱，上帝才會給我這個小教訓。

　　我也很怕打電話辦事情要跟電腦講話，現在我的耳朵又不怎麼樣，聽話不是很清楚，一下要輸入身分證字號，等一下又要其它資料，而且我的密碼不是忘了，就是大小寫輸入錯誤，有時候都搞不清楚錯在哪裡，找服務人員還不知道要等多久，最後乾脆放棄。前陣子我去銀行辦個手續，行員說辦好之後將來比較方便，保密功能也好。結果我花了半小時還沒弄好，我已經覺得很不方便了，我戶頭裡就這麼點錢，何必保密？行員還說老人很容易受騙，我覺得我就是受騙了才來辦這個，不辦了！

　　我自己是唸科學的人，我覺得很多科技人製造出來的科技很不方便，是自找麻煩，可是年輕人用起來都很自在，應該是我自

己老化落伍了又沒耐心吧！不過該做的事情我一定會做完，雖然不一定能做到完美，但絕對不是三分鐘熱度那種。

現在往回看，我這個人比較大的「問題」就是不大積極，沒什麼大志。立下大志一定要很專注，「雖千萬人吾往矣」，只是成功背後通常「一將功成萬骨枯」，會害到很多人。我喜歡平衡，不喜歡太專注在某一個區塊，而且太有同情心，心太軟就很容易被說服。

我的個性講得好聽是「隨遇而安」，有點像諸葛亮說的「臣本布衣，躬耕於南陽，苟全性命於亂世，不求聞達於諸侯」，或者陶淵明「田園將蕪胡不歸」，這種有點老莊的思想；我從小也不像其他人想當名人、賺大錢，只想過要當「樂隊指揮」。我這樣的人，不見得適合現代社會，卻因為信了耶穌，不得不努力。

耶穌說祂來是要叫人得生命，並且得的更豐盛，所以我們的人生要有所發展，要「像光、像鹽」，這是什麼意思呢？我們燒一鍋肉，一斤肉不用放一斤鹽，只要一點點鹽就可以發揮影響力，讓肉變得好吃，而光可以照亮整個世界。就算是我，也有必須擔起的責任，必須要變得入世一點。只是所有的事情，都是上帝安排我去做，我不是個性主動的人，都是人家來找我。

像我以前當很多單位團體的董事或代表，比如資策會、華視文化教育基金會、中國人權協會、ICRT、孔孟學會、日本交流協

會、新聞評議會，很多都是因為我當教育部次長或者大學校長之後，變成所謂「社會公正人士」而邀請我參加。因為我和周聯華都是江浙人，後來一些同鄉發起的公益團體，比如吳舜文新聞獎助基金會、趙廷箴文教基金會，我們也都有參加；現在我還持續參與的團體，就是趙廷箴文教基金會。

趙廷箴原本是跟王永慶一起創業，後來他自己在海外的事業做得很大，捐了大概 1 億元成立基金會，設立很多獎學金給中文系學生。難得有念理工的人那麼重視中國文化，反而是後來臺灣都不大重視了，我很贊同他們的理念，才一直參與到現在。趙廷箴兒子娶了辜振甫的女兒，辜振甫家又有一個基金會，兩個家族都很注重中國文化和國學推廣。前兩年我曾代表基金會，捐贈臺大文學院一個講座，現在主要是贊助嚴長壽在花東推動的原住民公益計畫，只要是對社會有正面幫助的計畫我都很支持。

安歇在青草地

有一首很有名的聖歌《奇異恩典》（Amazing Grace），裡面有句歌詞是「前我瞎眼，今得看見；前我失喪，今被尋回」。這讓我想到聖經裡一則「迷羊」的故事：有個牧羊人有一百隻羊，其中一隻小羊走失了，他就撇下九十九隻羊去找這隻迷路小羊，找到了就把牠扛在肩膀上帶回家。

如果我是這隻羊，以前都是趴在地上吃草，只活在二度空間；

阮大年（後排右四）與 ICRT 董事合影，前排坐者右二為蔣經國兒媳蔣徐乃錦、中為董事長辜濂松，後排右三為現任台泥董事長張安平。（圖片來源：阮大年）

阮大年（前排左四）代表趙廷箴基金會參加第十一屆高中優良國文教師贈獎典禮，攝於2004 年 12 月 18 日。（圖片來源：阮大年）

被牧羊人找到以後扛在肩上，等於來到了三度空間，「羊」生觀從此不一樣，因爲看到的世界更大了。這則故事和《奇異恩典》這首歌，其實都是在譬喻信主的人，整個價值觀和人生觀都會有所不同，從此不會再迷失。

自從大學聯考之前我把自己奉獻給上帝以後，我眞的就像聖經說的「不要效法這個世界，只要心意更新而變化」，很多觀念變得跟一般人不大一樣。例如放棄國立大學到私立大學當校長，放棄大學到專科，別人看我好像「每況愈下」。又好比當年放棄保送成大又沒考上臺大，最後考到東海，那時候好傷心；沒想到後來又回東海當校長，可當校長又覺得很痛苦。

幸好我從小就相信「耶穌就是道路、眞理、生命」，過程雖然辛苦，也就這麼順著神的旨意去走。聖經說：「祢（神）的話是我腳前的燈，是我路上的光！」（詩篇 119：105）現在回頭看，我的人生道路原來一直都很明確，我順著腳前的燈、路上的光一路走來，上帝這樣的安排對我來說其實最適合。一切神都幫我安排好了，感謝神的恩典。

人老了以後已經有很多自己的觀念，就很難很單純地相信一件事，凡事都要加以批判；有些人在經過很多磨練和痛苦之後，雖然願意接受信仰，也還是半信半疑。所以小時候就接受了信仰，對我來說是很好的事，也確實幫助我度過人生各個關卡。如果要爲我的八十多年的人生暫時做一段小結，我認爲《詩篇》第

二十三篇非常貼切，這也是這麼多年以來影響我人生最大的一段經文：

「耶和華是我的牧者，我必不至缺乏。祂使我躺臥在青草地上，領我在可安歇的水邊。祂使我的靈魂甦醒，為自己的名引導我走義路。我雖然行過死蔭的幽谷，也不怕遭害，因為祢與我同在；祢的杖，祢的竿，都安慰我。在我敵人面前，祢為我擺設筵席；祢用油膏了我的頭，使我的福杯滿溢。我一生一世必有恩惠慈愛隨著我；我且要住在耶和華的殿中，直到永遠。」

有耶和華當我的牧者，所以我的心一直非常安詳平靜，可人生沒辦法永遠像小孩一路上都那麼快快樂樂，即使是基督徒也無法完全平順，還是會碰到困難，每個人還是有自己必須走的人生

阮大年（後排右五）近年參與教會詩班獻詩。（圖片來源：阮大年）

道路，這就是所謂的「義路」。沒有人是眞正的「天之驕子」，上帝並不會給你特別的待遇，可是心境可以不一樣，依靠神可以讓我就算走過死蔭幽谷也不怕遭到迫害。

人生中一定有很多敵人，卻不一定要報復他們，要像上帝爲我擺設宴席一樣對待敵人，最後彼此關係也不會太差。我一生一世必定有神的恩惠慈愛隨著我，就是死後歸天，也還能永遠住在耶和華的殿中。這是一段很美的形容，是大衛王老了以後，對自己一生的總結。我沒有大衛王那麼偉大，可是對任何一個人，如果你好好去活的話，都可以 Apply（適用）。

人生很多時候都是上帝的安排，我自己不見得喜歡，可是現在回頭看，會發現這樣的安排其實很適合我。從事業發展的角度

阮大年近年積極於教會見證講道。
（圖片來源：阮大年）

來看，大家都說我「愈做愈小」甚至「一路往下」，對我來講這反而是上帝的恩待，讓我慢慢退隱，好好享受安歇在青草地上的生活，非常優哉游哉。有個朋友說，我現在好像已經是天國的人，用天上的眼光在看世界。所以就算我隨時離開，也不用爲我擔心。

我曾在同事的推銷下買了兩個靈骨塔位，可是我更喜歡樹葬或海葬，反正我已經不在，也就無所謂了。基督教強調 "Ashes to ashes, dust to dust"（塵歸塵、土歸土），既然靈魂已經回到上帝身邊，你要紀念也好，不紀念也好，我最怕要一天到晚去拜拜，和用這些習俗律法綁著家人。

其實從我和我太太相遇的故事，就足以讓我人生大徹大悟，原來我的生命、我的智慧、我的家庭、環境，一切都是本於上帝，上帝改變我就改變，完全依靠祂，最後生命也終將歸於祂。我爲什麼這樣強調信仰？如果把信仰去掉，我這個人其實也就沒剩什麼了。因爲信仰，雖然人生有很多起起伏伏，也算過得很不錯了，還做過四個大學的校長。講起來不是很偉大的一生，卻是很有特色的一生。

「我不知明天會如何，但我知道誰掌管明天。」

阮大年長女阮文蕙全家返臺時所攝家族合照，雖意外未抓準快門時間，反而留下全家人最自然的笑顏，成為全家人最喜愛的一張照片，約攝於 2012 年。（圖片來源：阮大年）

註釋

1. 財政部於 1952 年 12 月 1 日派任阮壽榮先生為財政部秘書室專門委員，
   1969 年阮壽榮先生年滿 65 歲自海關退休，由財政部延聘為英文參議，
   1973 年前後，由李國鼎部長推薦轉任外貿協會專門委員，後任文書處
   副處長。1975 年阮壽榮先生年滿 70，自外貿協會離職赴美依親。阮
   壽榮，《錦灰集》，頁 169-205。

2. 阮大年曾指出，最喜歡舒伯特的藝術歌曲（Lied）及隨想曲
   （Impromptu）。尤其是 G 大調最使他感動，曾希望三女兒好好練習，
   「將來在我的喪禮上演奏那也夠淒美的」。阮大年，《生命有甘泉》，
   頁 16-17。

參考書目

檔案

《中原理工學院院刊》，中原理工學院。

《交大友聲》，國立交通大學校友總會友聲雜誌社。

《交大校訊》，國立陽明交通大學。

〈國立交通大學七十九學年度第二次校務會議紀錄〉，國立陽明交通大學藏，典藏號 100-0101-009。

〈國立交通大學第一七六次行政會議紀錄〉，國立陽明交通大學藏，典藏號 100-0102-026。

〈國立交通大學第一八三次行政會議紀錄〉，國立陽明交通大學藏，典藏號 100-0102-026。

《國立交通大學中程校務發展計畫書——八十二至八十五年度》，國立陽明交通大學藏，典藏號 100-0301-003。

《國立交通大學校務報告——報告人：校長阮大年》，國立陽明交通大學藏，典藏號 101-0100-002 79。

〈國立交通大學校刊籌編會議紀錄〉，國立陽明交通大學藏，典藏號 301-0701-0001-003。

《國立交通大學第四學院規劃構想（五年計劃——民國八十年至八十五年）》，國立陽明交通大學藏，典藏號 301-0004-0002-031。

賴彥丞，〈學生自治的法制改革：談教大學聯會於合校初期之修法沿革〉，國立陽明交通大學藏，典藏號 307-0001-0002。

史料

中華社會福利聯合勸募協會，《中華社會福利聯合勸募協會三十周年紀念特刊 1992-2022》。臺北：中華社會福利聯合勸募協會，2022 年。

百年樹人 —— 交大世紀之慶特刊編輯委員會編，《百年樹人 —— 交大世紀之慶特刊》。新竹：國立交通大學，1996 年。

李宜涯編，《中原 60 恩典之路　中原大學六十週年校慶特刊》。桃園：中原大學，2015 年。

黃漢青編，《百年光華耀臺中：國立臺中科技大學一百週年校慶紀念專刊》。臺中：國立臺中科技大學，2019 年。

東海大學，《東海大學第三屆畢業紀念冊》。臺中：東海大學，1961 年。

東海大學校史編輯委員會編，《東海大學五十年校史（一九五五－二〇〇五）》，臺中：東海大學，2006 年。

教育部教育年鑑編纂委員會編，《第七次中華民國教育年鑑》。臺北：教育部，2012 年。

報章雜誌

《中央日報》

《中國時報》

《中華日報》

《民生報》

《經濟日報》

《聯合報》

《拾穗雜誌》

專著

王晃三，《青澀歲月的回憶－那些年在中原工工》。桃園：中原大學工業與系統工程系，2022 年。

阮壽榮，《錦灰集》。臺北：自費出版，1986 年。

阮大年，《生命有甘泉》。臺北：希代，1996 年。

杜維明，《現代精神與儒家傳統》。臺北：聯經，1996 年。

李家同，《李家同為臺灣加油打氣：臺灣值得我們驕傲》。臺北：五南，2016 年。

席慕容等著，《800 字小語 2》。臺北：文經社，1972 年。

張筱梅編撰，郭文華審訂，《篳路藍縷：從打石場到陽明醫學院》。新竹：國立陽明交通大學出版社，2023 年。

張志雲著，徐盼譯，《海關中國：政府、外籍專家和華籍關員的三重視角揭開清末「國中之國」的神祕面紗。臺北：麥田，2023 年。

財團法人資訊工業策進會，《創辦人李國鼎先生簡介》。臺北：財團法人資訊工業策進會，1996 年。

郭軔，《宇宙藝客：郭軔精品展》。新竹：國立新竹生活美學館，2013 年。

趙民德，《飄著細雪的下午》。臺北：九歌，2007 年。

鄧啓福口述，周湘雲紀錄，《無求常安：鄧啓福口述歷史》。新竹：國立陽明交通大學出版社，2020 年。

論文

李杰穎，《以相思林之名——東海大學校園空間運動史（1987-2005）》。新竹：國立交通大學社會與文化研究所碩士論文，2006 年。

李西潭，〈野百合學運與臺灣民主發展〉，《新世紀智庫論壇》第 49 期，2010 年 3 月 30 日，頁 76-80。

陳麗珠，〈我國教育財政改革之回顧與展望：教育經費編列與管理法實施之檢視〉，《教育學刊》第 33 期，2009 年，頁 1-34。

鄭榮裕，《建築師事務所品牌經營策略 —— 以潘冀聯合建築師事務所為例》。臺北：國立臺灣大學管理學院碩士在職專班國企業管理組碩士論文，2018 年。

電子資料

中央研究院近代史研究所檔案館人名權威檢索系統，參考網址： http://archdtsu.mh.sinica.edu.tw/imhkmc/imhkm

中華民國政府官職資料庫，參考網址：http://gpost.lib.nccu.edu.tw/

中原大學教務處官網，參考網址：https://acadm.cycu.edu.tw/

中華科技管理學會官網，參考網址：https://www.csmot.org.tw/

立法院法律系統，參考網址：https://lis.ly.gov.tw/lglawc/lglawkm

臺灣音樂群像資料庫，參考網址：https://musiciantw.ncfta.gov.tw/

教育部重編國語辭典修訂本，參考網址：https://dict.revised.moe.edu.tw/?la=0&powerMode=0

教育部國民中小學課程與教學資源整合平臺，參考網址：https://cirn.moe.edu.tw/Facet/Home/index.aspx?HtmlName=Home&ToUrl=

國立陽明交通大學發展館，參考網址：https://museum.lib.nycu.edu.tw/

國家教育研究院辭書，參考網址：https://terms.naer.edu.tw/

國藝會補助成果檔案庫，參考網址：https://archive.ncafroc.org.tw/

潘冀聯合建築師事務所，參考網址：https://www.jjpan.com/

江淑文，〈在安靜中呈現生命力的歐保羅〉，《新使者雜誌》第 180 期，2021 年 10 月，https://www.newm.app/blog/e4ab9583577，擷取日期：2023 年 7 月 23 日。

李兆華，〈碧悠電子要做 PDA 面板霸主〉，《今周刊》，2001 年 2 月 1 日，https://www.businesstoday.com.tw/article/category/183015/post/200102010028/，擷取日期：2023 年 8 月 14 日。

編輯室，〈掀動海外學人回臺的韓偉〉，《大使命雙月刊》第 67 期，2007 年 4 月，http://www.globalmissiology.org/gcci/Chinese/b5_publications/GCB/2007/Apr/07_Apr03.pdf，擷取日期：2023 年 7 月 28 日。

〈國立交通大學八十八學年度第四次校務會議紀錄〉：https://secct.sec.nycu.edu.tw/wordpress/wp-content/uploads/MeetingMinutes_download/univ/88/univ890614.pdf，擷取日期：2023 年 2 月 18 日。

後記

豐美的葡萄樹

阮大年

　　在正式「下場」之前，感謝神願意讓我在勞碌一生後，安享幾年退休生活。其實退休是另一種「重生」，等於進入人生另一階段，也就是像《哥林多後書》第四章所說「外體漸漸毀壞，內心卻一天新似一天」的階段。我也感覺退休好像一個爬山已經筋疲力盡的人，終於到達一個平坦、可以休歇並欣賞一下美好風景的地點。除了想到《詩篇》第二十三篇的「安歇」外，我每次看到《詩篇》第一百二十八篇，也會覺得「這不正是在描寫我的人生」嗎？

　　「凡敬畏耶和華、遵行祂道的人便爲有福。你要喫勞碌得來的，你要享福，事情順利。你妻子在你的內室，好像多結果子的葡萄樹；你兒女圍繞你的桌子，好像橄欖栽子。看哪，敬畏耶和華的人必要這樣蒙福！願耶和華從錫安賜福給你，願你一生一世看見耶路撒冷的好處。願你看見你兒女的兒女，願平安歸於以色列。」

　　每當被家人兒女圍繞時，我最感謝的人絕對是少帆。當年我

們二人進入禮堂在神前結婚後，過了這麼多年，三女一子各有配偶四人，其中三個家庭各有一子一女共六人，外孫 Joseph 最近結婚再加孫媳一人，全家已經增加到共十七人之多，這不正是一大串的葡萄嗎？

周遭與我們年齡相仿，且有那麼大規模家庭的同學朋友，目前真的很少了。能好好地在餘年欣賞兒孫輩的一言一行、一舉一動，加上吃吃巧克力、唱唱聖詩，也算「含飴弄孫、安度餘年」了。直到退休後，我才真正體會到一生之中，神賜給了我多少福氣和恩典，接著就來數算恩典並炫耀一下我的果子吧！

Jesus is the Answer

我和妻子少帆婚後一年，大女兒文蕙出生了，少帆做完月子就繼續回保險公司上班，女兒在少帆上班時我先送去保姆家，我再去實驗室，傍晚接 Baby 和少帆回家後我再回實驗室，等工作告一段落才回家晚餐，也算忙碌又規律（當然也要感謝指導教授 Prof. Kröger，因為他已年長有名，手下配合的研究員和研究生很多，我不找他時，他也不會找我的，哈哈！）

有時候實驗做到一半，又到了接少帆和女兒的時間，我會請實驗室同事代看一下，以免高溫中的實驗發生意外。但是有一天久久找不到同事幫忙，我實在沒辦法，只能暫時丟下實驗去接 Baby。記得那天交通特別擠，可能是時間拖太晚，文蕙餓了哭叫，

我又沒辦法準備奶瓶，又擔心實驗室出事，又怕少帆等太久……，幾件小事加起來，令我有種幾乎崩潰的感覺，一方面更覺得自己的能力有限，心情非常沮喪。

正當萬分無奈，只能在停滯車陣中呆等之際，我看到前車後玻璃窗貼了一張貼紙，寫著 "Jesus is the Answer"。突然沒道理地，我心中就平靜下來，連帶地 Baby 也停止哭鬧，交通好像也變得順暢多了。接到少帆，她一句埋怨都沒有，回到學校，實驗一樣順利完成。很多人可能覺得這不過是人生中的一件小事，但對我而言，真的是很大的恩典和重要經歷。

事後回想，為何一句話就改變了我的心態？而且連什麼都不知道就直接說「耶穌就是答案」，也太無厘頭了？但我漸漸體會後發現，其實不是沒道理的。聖經有一段話：「誰領你到這裡來？你在這裡做什麼？你在這裡得什麼？」（士師記 18:3）我覺得這段話不但受用，後來一生遇到生命的重大改變或工作的改變，我也時常運用這三個問題進行分析。

耶穌又說：「我就是道路、真理、生命，若不藉著我，沒有人可以到天父那裡去。」其實正好回答了《士師記》的三個問題。

問題 1：「誰領你到這裡來？」耶穌說：我是道路，唯一到天父那裡的道路。

問題 2：「你在這裡做什麼？」當年耶穌在羅馬官廷受審時，

彼拉多問祂：「你在世上做什麼？」耶穌說：「我是為真理作見證的。」所以基督徒生活的意義，就是為耶穌（真理）作見證。

問題 3：「你在這裡得什麼？」聖經舊約是偏向悲觀的，連榮華富貴極致的所羅門王都感嘆「虛空的虛空，虛空的虛空，凡事都是虛空。」（傳道書）然而耶穌卻說：「我來了，是要叫人得生命，並且得的更豐盛。」（約翰福音 10：10）

生活中所有的煩躁不順遂，都是為了見證對耶穌的信心，因為相信耶穌，我們才能有更豐盛的生命和永生的盼望。保羅說我們相信的福音是「本於信，以至於信」，信耶穌當然是開始，和未信耶穌前不同，但不只是信與不信的區別，而是走上了一條不同的人生之路。既然把自己全然交付給神，面對逆境心境自能平靜無波。

感謝神賜福氣恩典

老大文蕙其實從小就蠻有智慧，她覺得家裡不窮也不是很有錢，這樣反而很好，因為她看到三阿姨和姨父的潤泰集團事業做得很好，但是壓力也很大，過得不一定比我們家快樂。從小她對服裝也很有天分，後來到美國唸服裝設計也過得很好。她目前住在加拿大溫哥華，女婿劉永華是位一直默默為家付出的好老公和好爸爸，在大會計公司擔任 Partner（合夥人），生活安定無慮。

文蕙的大兒子 Joseph 很優秀，大學畢業後才 28 歲就在紐約做 Merging（企業整併）財務工作，年薪大約 40 萬美金，已經是我們全家「首富」，回頭看看臺灣就業市場真的差很多。今年他已經結婚，過幾年我應該可以做曾祖父了，希望未來在「心靈」方面，他也能愈來愈成熟。文蕙女兒 Michelle 目前是我們家最有創意的一員，任何媒體創意競賽，只要她有興趣去參與，幾乎都會成功得獎，有「點石成金」的天分。

老二文芯是我回臺灣工作整整一週年後的 6 月 24 日誕生，當時覺得神讓我們回臺灣雖有些受委屈，但祂卻是很喜悅我們的奉獻，所以賜給我另一個可愛的女兒。我們將她取名「文芯」外，又把英文名叫做 Grace（恩典），表示心中充滿對神的感恩。

我對文芯比較虧欠的地方，就是和她相處的時間，比起文蕙小時候算是少了很多。那時期可能是我工作最忙碌的時光，每天要坐二個多小時交通車往返臺北和中壢中原大學上班，週末我還擔任教會中大專團契的輔導，少帆也在娘家幫岳父母處理廠務、公務和家務。少帆家工廠有位門房，我們都叫他「杜伯伯」，很喜歡來抱文芯，常常帶著她到處走來走去玩耍。我們雖然很感謝他的分勞，其實心中覺得很虧欠，還有點酸酸的。

文芯小時候個性比較膽小內向，自己坐公車上學時，如果學校那站沒人下車，她會情願多坐一站才和別人一起下車。事實上她很有創見，作文、數學是四個小孩中最強的，那時我每次赴美

看父母時，都會帶她的作文給他們欣賞。記得有一篇作文中她說：「我爸爸最怕老鼠了，有次半夜上廁所發現一隻老鼠，他就跳上馬桶蓋大叫救命，叫別人幫他趕走老鼠，這算什麼男子漢？」

文芯小時候只要學到什麼，就很會拿來應用。有次老師教大家庭、小家庭後，她看到一輛軍車載滿軍人，她就問我「這是不是大家庭？」真的很有意思。

文芯就住在我們附近，現在反而是最頻繁照顧我們的一位了，女婿是電信公司工程師朱一璿，個性和文芯很融合。兒子瑋晨剛從師大附中畢業（是我學弟！），今年考上國立中興大學獸醫系。小時候他光是看電視跑馬燈字幕，就自學了很多國字，也是很特別的天分，希望他不要和我一樣「懶」就是了（除非和我一樣依靠神）。女兒韋帆也有另一種天分──很會畫畫，目前正讀高中，就已經有人會買她的作品，可以自己賺零用金了，相信未來都會是有特殊成就的人才。

文芯出生後再隔三年，我們第三個孩子出生，一樣是女兒，我怕我比較不重視她，就取名文菱，提醒我自己一定要愛她。以前大家都說我最疼老三，原因之一是她剛好在復活節出生，而且老三又比較會討好爸爸。像我當教育部次長的時候比較忙，常常回家還要處理公務，有一次她來找我玩，當時我正在忙，隨口說：「妳不要吵我啦！」她就哭著跑掉了。過了一下她又來，我只好說：「我不是不跟妳玩，妳不要哭，我等一下陪妳。」

她也不講話，只給我一張紙條寫著：「我最喜歡爸爸了，不ㄍㄨㄢˇ你ㄇㄚˋ我，我都喜歡你的。」我不會注音，我還問其他女兒這紙條在寫什麼？原來是「不管你罵我，我都喜歡你。」真的很可愛，到現在我一直都留著這張紙條。文薆還有一些糗事，除了念小學時不知道她姓阮，我為什麼姓「柯」以外（按：詳見本書第四章），有一次她還問弟弟：「什麼是朱高正？是不是一種病啊？」她還以為是像「懼高症」一樣的病，其實是立法委員朱高正。我常常拿這些事情開玩笑，後來弄得她有點不高興，其實我是真的覺得好可愛啊！

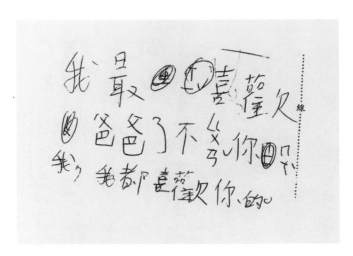

阮大年家中書桌，一直保留三女文薆小時候寫給他的紙條。（圖片來源：阮大年）

恩惠慈愛永跟隨我

有一年臺中技術學院夜間部畢業典禮當天，我太太突然打電話給我，說文薆的肝指數突然飆到三千三。醫生說只有兩條路：一是趕快換肝，但是也要等一陣子，另一條路就是沒辦法救。「這叫什麼路嘛？死路！根本只有一條路！」我心想。

本來我想立刻趕回臺北，我太太說回去也沒用，ICU 加護病房每天只有兩個探病時段。那天我上臺只說了幾句話：「很抱

與三女阮文薆最開心的合影，約攝於 1993 年。（圖片來源：阮大年）

歉，我女兒現在急性肝炎在 ICU，只能送給大家『尊重生命』四個字。沒有生命的話，怎麼能『鵬程萬里』？摔下來就什麼都沒有了。」後來我沒辦法再講下去，只能回宿舍一邊痛哭流淚一邊禱告，又睡不著覺，突然心中出現「我一生一世必有恩惠慈愛隨著我」這句聖經經文，我想到「恩惠」就是我的二女兒，因為她叫 Grace，三女兒阮文蔓就是慈愛啊！

那時候覺得上帝答應我：「只要我還活著，這兩個女兒就會隨著我！」突然之間我就睡著了。這真的不是迷信，我本來準備當天早點出發趕回臺北，結果睡得比平常還要沉；到臺北之後，我太太說很奇怪，指數已經降到二千，過幾天就恢復正常。文芯和妹妹很要好，本來那個週末她要訂婚，因為妹妹生病就打算取消，結果一下子老三就好起來，休息幾天之後還去參加姐姐的訂婚典禮。對我來說，這真的是神的恩典！

雖然現在已是垂垂老頭，但功課還沒學完，四年前文蔓突然中風，讓我的整個世界變了樣，剩的只有聖靈用說不出的嘆息安慰我及代我呼求了（按：詳見本書第七章）。文蔓現在還是全身癱瘓，以前她見到我就會大叫一聲「爸比」，現在因為插著灌食的鼻胃管，體力恢復很慢，也沒辦法開口說話，但是她一點都不怨天怨人。每次我和她說話、叫她要加油的時候，她會輕輕捏我的手，表達她已經收到我的安慰。看到年紀最接近的文芯二姐，就調皮地吐吐舌頭表示高興，看到慕光小弟，會連眨十來次眼皮

打招呼。信心不足的我看到她的信心、盼望和還肯付出的愛，似乎隱隱約約地有些體會和「察驗」到痛苦中仍有神善良、純全、可喜悅的一面了。

文薆現在跟著我女婿在雲林休養，我們每天都會用視訊通話，每隔幾週我還會搭高鐵去看看他們。女婿陳若白現在也可算雲林臺大醫院名醫之一了，說起來也是應該的，他對病人「仁至義盡」，甚至不惜自己送藥去病人家，是仁醫也是怪醫。他真的很辛苦，虧得有他照顧，也幸好他們還沒生小孩，只能說上帝安排得很好，一個專心行醫，一個可以「專心生病」。

前陣子文薆又染上 Covid-19，在 ICU 住了好幾天才回到普通病房。我現在最怕的兩件事，除了我太太比我早離開，就是白髮人送黑髮人。人死了不是就到天上去那麼簡單，生離死別還是會很難過的，畢竟我還是人啊。千萬不要以為依靠上帝就什麼都看得開，像女兒還沒好，我當然會難過，可是我覺得也許上帝有祂的安排，上帝也是在教育我，只希望她不要痛苦就好了。

我常背聖經中的一段經文：「應當一無掛慮，只要凡事藉著禱告、祈求和感謝，將你們所要的告訴神。神所賜出人意外的平安，必在基督耶穌裡，保守你們的心懷意念。」（腓立比書 4：6-7）我心裡覺得不安定的時候會唸一遍，信心不夠的時候再禱告一次，說是自我催眠也好，至少我不會永遠絕望。無論你的信仰是什麼，人生總要有一個 Guidance（引導），有一個腳前的燈當

成你路上的光。就算真的發生什麼事，就是歸給神了，她們只是先到天家等我而已，不用太難過。

反過來講，如果真的沒有神，其實也無所謂，大家演一場戲，我演我的，我女兒也演她的。散戲之後都是一場空，又何必太憂傷？尚幸我從小就信了耶穌，而且有很多禱告蒙神應允的經歷，所以不會懷疑了。

深哉！深哉！深哉！

我小時候很喜歡看聖經的故事，像有個人叫約伯，原本生活非常順利，結果三天內失去所有的財產、兒女和健康，上帝並沒有解釋為什麼會這樣，只說了：「我創造天地的時候，你在哪裡？」一開始我覺得很沒道理、很不公平，現在才慢慢看懂：原來上帝雖然是創造一切的主宰，可是很多人類的痛苦，都是自己選擇錯誤的結果，人類本來應該自己承擔，但上帝還是派了耶穌幫人類承擔。約伯最後理解了，他才會說：「賞賜的是耶和華，收取的也是耶和華，耶和華的名是應當稱頌的。」

我現在痛苦，因為信仰，我才有能力承擔，所以我還是要讚美神、感謝神，等待文薆早日康復，憑信心等候神應許的旨意。

其實上帝給我三個女兒，我已經很滿足了，我也不是重男輕女，只是偶爾也會想：如果有兒子不知道會怎麼樣？結果文薆出生後再隔五年，我居然生了個兒子，而且他是在聖誕夜出生。我

希望兒子長大後要跟我一樣信主，而聖經裡是用光來代表耶穌降臨世界，我就幫他取名「慕光」，期盼他能愛慕光。慕光是聖誕夜出生又屬羊，所以像耶穌似的 "Not to be served, but to serve." 我只有感謝他為我們家的付出，和為他自己「小家庭」的付出了。

我兒子個性就和我不太一樣，做事情比較有恆心，和他媽媽一樣喜歡慢慢來、按部就班，出外也都走固定路線；我就很注重效率，也喜歡走捷徑。他最讓我受不了的口頭禪就是「沒差啦！」凡事看得很開，有時候聊天到最後，兩個人都很不耐煩，因為我們父子兩個人的思路完全不同。兒子很老實也很辛苦，從小就幫上面三個姊姊端茶倒水，現在連吃飯都忙著幫爸媽和老婆小孩夾菜。兒媳劉琬云是另類「女強人」，在 HP 電腦公司中負擔很大責任，忙碌程度比起慕光有過之無不及，然而兩人卻將子女教養得很好。（So far）

孫子叫「以諾」，這是聖經中的名字。《創世紀》中形容「以諾與神同行，並且生兒育女」，這正是我嚮往也多少做到的境界。我在以諾出生前一年，曾夢到兒媳生了個兒子叫以諾，後來果然成真，想起來也很有意思。他目前已經小學五年級，很乖巧懂事，感覺身強力壯、很靠得住，對妹妹也比增皓、瑋晨二位表兄表現得更好。妹妹叫「以安」，小時候是大家的開心果，現在漸漸「淑女化」，就沒以前那麼「開」了，但是還是個最可愛的女孩。

我既有那麼多美好的家人，如同雲彩圍繞著我，退休後又怎會無聊呢？總之，一生歸結九個字，一切就是「本於祂、倚靠祂、歸於祂」，也和保羅一起讚嘆「深哉！深哉！深哉！」

阮大年家族北海道旅遊，攝於 2013 年。（圖片來源：阮大年）

編後語

網友和傲嬌貓

朱富國

　　接到阮校長的採訪案時，總覺這名字有些印象又不是太熟悉，比我稍長的友人卻又驚呼，怎麼有機會爲這號大人物立傳。原本還有點迷迷糊糊，後來爬梳一下資料才發現，自己眞是有眼不識泰山，但是也難怪，1983 年「柯先生和紀小姐」電視節目首播，那年我才 6 歲啊！

　　第一次陪同陽明交大同仁前往阮校長家拜訪，當時只覺得這位 80 多歲、滿頭白髮的阮校長聲如洪鐘、口條清晰、妙語如珠，而且對聖經經文信手捻來。「可怕」的是，阮校長記憶力還眞好，怎麼七、八十年前的小事都如數家珍，眞是令我這個「金魚腦」汗顏。

　　阮校長家的「小霸王」是隻英國短毛貓 Joycey，我老是叫牠「啾西」，每次採訪時都硬要來「插花」，有次阮校長邊把啾西攆走，嘴裡還笑道：「現在是採訪我的人生，你的貓生還太短了！」後來才知道，啾西是阮校長小女兒文蔓養的貓，現在 Ai（校

長發 LINE 給我都用 Ai 代替文簍，大概他老人家也懶得選字吧）
生病了，反倒換成啾西代班全天候陪伴阮校長。

有啾西在場，就算要採訪一位年紀大我 40 歲的長輩，總覺
得氣氛緩和許多，說到阮校長小時候養的貓送他「半隻」老鼠，
害他一輩子都怕老鼠的往事，感覺也特別有畫面。雖說阮校長記
憶力超強，但是他老是謙稱自己不會記得太多過往事物的細節，
比起他的父親阮壽榮先生，那可是差多了。

採訪之前我就已經先拜讀過阮壽榮先生出版的自傳「錦灰
集」，確實阮壽榮先生的記憶力又更加驚人，對一些事件的來龍
去脈無不鉅細靡遺。阮壽榮先生享壽 98 歲，阮校長母親楊德貞
女士更是 102 歲才仙逝，所以我老覺得阮校長現在才 80 多歲，
顯然還「來日方長」，我們也就不那麼小心謹慎避談死亡的相關
話題了。

有次採訪，阮校長興沖沖地拿了一塊水果蛋糕與我分享，才
吃了一口我就皺起眉頭，那蛋糕真的太甜了，但阮校長自己還是
吃得很開心。「原來世界上真的有『螞蟻人』！」我心想。

水果蛋糕這件小事有什麼深意嗎？其實沒有。後來想想，為
什麼我一直記得這個畫面，是因為看著一位與先父年紀相仿的長
輩，很單純無憂地享受吃甜食所帶來快樂，就連向來不愛甜食的
我，好像也能感受到微甜的幸福。

要說阮校長無憂，也不全然正確。同樣經歷過至親病苦，我很能體會阮校長用「心中好像有一根刺」形容面對 Ai 病重（其實是死而復生），那種深深扎入血肉卻不知何時能拔除的愁緒。也幸好有「神」當阮校長的「靠山」，能將身心與苦樂都託付神，並且信任神所安排一切自有不可測的深意；然後照常吃睡、參加詩班獻詩、聽古典樂、玩電腦遊戲、看電影電視，還不忘「關心」一下國內外時政。

　　頑冥不靈如我，一直很慚愧沒能受到阮校長的感召，走入神的國度。不過我也相信，無論何種信仰，「與人為善」總是相通的精神，或者讓人有著面對生命困頓境遇而不致於放棄的勇氣力量。從這一點來說，我非常認同阮校長所說：「人總要有信仰才好」，自己也好像離他追求的「身心靈」平衡又近了一些。

　　多數時候阮校長說話都是笑呵呵地，談到一些不開心的往事，雖然難免眉頭輕皺，但是也不見太大的情緒起伏。只有一次我提到職場上與「長官」相處的經驗，他立刻一臉嚴肅地說：「以前在學校裡大家都是同仁，哪有什麼長官，不用那麼官僚吧！」

　　當時有點嚇到，還以為踩到阮校長的「地雷」，但一方面也覺得感動，儘管貴為一校之長，他老人家還是能體會我們「小螺絲釘」的難為之處。阮校長看完我完成的書稿後，特別指著封面說對我：「你怎麼會只掛名『紀錄』呢？至少還要加個『採訪』或者『編輯』吧！如果這裡不改的話，那我書也不出了！」「該

爭取的就要勇敢爭取，說不通的話我去說！」

　　傳說中阮校長風風火火的個性，算是領教到了，可以想見當年在官場之中，阮校長的直言敢衝固然能讓政壇或職場風氣爲之一新，但對個人仕途卻不見得能加分。不過如果時光能夠倒流，我相信阮校長爲了公義眞理，就算要與全世界爲敵，也會同樣在所不惜（雖然有違他一直想學習的「柔和謙卑」就是了）。

　　今年中秋節當天，阮校長 LINE 給我兩則短詩：「中秋兒女烤肉去，二老枯坐家中閒，已無賞月喝酒情，對坐月餅成百人」、「抬頭見明月，低頭思神恩，留得盼望在，哪怕已黃昏」，再附上愛貓啾西慵懶躺在月餅盒上的照片一張。

愛貓 Joycey、甜點、報紙，阮校長退休生活的眞實寫照。（圖片來源：阮大年）

經過每週一次、長達半年以上的密集探訪，我可說是最熟悉阮校長的「陌生人」，類似前述風格的訊息往返和閒聊漫談（有些對話「尺／恥度」更大），也已經成為我和阮校長的日常。與其說我多了一位「慈父」般的長輩，倒不如說彼此多了一位相互解憂的「網友」，當然通常都是阮校長分享音樂、信仰、時事訊息給我比較多，自己反而常因瞎忙而已讀不回，感謝阮校長對無禮晚輩的百般包容。

書，總有截稿出版的一天，阮校長的故事，可遠遠還沒寫完。能夠參與彼此未來的人生，這緣分確實難得，感謝上帝！

特別收錄

家人眼中的阮校長

愛家 × 耿直 × 急性子

口　　述／長女　阮文蕙
採訪撰稿／朱富國

阮大年夫婦與長女文蕙（前右）、甫出生之次女文芯合影，約攝於 1972 年任職中原期間。（圖片來源：阮大年）

　　爸爸是獨生子，從小在家裡是很被寵的，媽媽在外公外婆家也是受寵的大小姐，雖然他以前花了很多時間追我媽，變成夫妻還是難免會吵吵架。我們還住在美國的時候，如果爸媽吵架，爸爸就會帶我去 Disney 樂園玩一天，有時候他會爲了幫我買一雙很好的鞋子，花了很多錢。他雖然個性很急，卻是嘴巴很硬但又很感性那種人。

　　搬回臺灣以後，我們先住在淡水外公外婆家，外公是廣東人，廣東人喜歡把鹹魚放冰箱，鹹魚其實味道很重。爸爸很愛巧克力，他如果到國外都是買很好的巧克力，買回來放冰箱沒幾天就都是鹹魚味，後來我媽只好買一個小冰箱給他，專門放他的巧克力，

現在家裡也還有他的專用冰箱。我爸很喜歡吃甜的東西，我弟弟4、5歲時，爸爸帶他去吃飯，服務生都會很自然地把茶給我爸，可樂給我弟弟，其實可樂是我爸要喝的。現在因為我爸要控制血糖，我們會限制他吃甜食，但是他還是經常會買一些巧克力藏起來自己偷吃。

我跟大妹差了六歲，所以我和爸爸單獨相處的時間比弟弟妹妹多，我唸小學時有次他帶我參加中原理工學院的學生畢業旅行，我們住溪頭的小木屋，半夜一開燈發現牆上爬了十幾隻蜈蚣，兩個人都嚇得半死。那時候我留長髮，爸爸又不會綁頭髮，把我頭髮綁得亂七八糟，後來女學生受不了，才幫我重新綁好。爸爸在中原教課的時候，偶爾也會帶我去課堂，學生也覺得很好奇，怎麼會有小學生坐在大學教室。

我唸高一的時候中原辦校慶，爸爸在臺上演講，我就自己去逛園遊會攤位，後來有學生跑來找我聊天，說想認識我順便帶我逛逛學校。我心裡覺得好笑但是也沒拆穿我的身分，回家以後我就告訴爸爸，他的第一個反應是：「你看我們學生多熱心、多友善！」我爸一向都是這種很開放的觀念。

爸爸他很希望能多參與子女的生活，我們功課好不好他也不在乎，對子女的教育基本上也是開放式作風。我是我們家功課最不好的小孩，但是爸爸不會覺得丟臉，反而認為也許有些教育制度，並不是很適合我的個性。他當教育部次長的時候，我大學聯

考沒考上他也不在意，還在電視上把我當成教材去鼓勵別人。既然他覺得沒關係，那我心裡也就覺得還好，而且更確定他是愛我們的，不會用傳統的觀念來逼壓小孩。我們家小孩都很自由，雖然沒什麼大成就，基本上都從小都過得很開心，課業部分也沒有感覺到壓力。

柔軟而強韌的真心

相對於功課，爸爸反而比較注重音樂跟信仰的學習，他說過自己的 dream job（夢想職業），就是當一位指揮家。爸爸會給我們機會嘗試接觸，但是不會強迫我們，像他自己每天早上起床就放古典樂，睡覺前也放，有音樂會就希望我們陪他去聽，而且我們四個小孩都有學過鋼琴，願不願意繼續走下去就看自己。我爸他從來沒有學過音樂，但他會買把小提琴自學，大學在廁所拉琴，住淡水的時候就在陽臺拉，還好淡水住的人少，比較不會「吵到」鄰居。

我和爸爸都是雙子座，兩個人個性比較像，出國的時候兩個人很喜歡去當地的小市場，挑些有點藝術設計或獨特的小紀念品。我們又不喜歡花太多錢，如果找到便宜又特殊的好東西，我們兩個就會很開心，那是一種有錢人想不到的快樂，可惜媽媽不喜歡家裡太亂，很多紀念品都被丟掉了。

我大學就出國讀書，畢業後又遠嫁到國外，我的婚禮上，

爸爸還特別唱了電影《屋頂上的提琴手》主題曲 "Sunrise, Sunset"，而且是邊唱邊哭啊！李濤和李艷秋夫婦看到我爸這樣，都說不敢想像自己孩子結婚時會多難過。我妹妹雖然都結了婚，但是都還在臺灣，爸爸應該就沒哭得那麼慘了，重點是我們家人很親，妹妹和弟弟結婚後都經常回家，等於還多帶了人回來。

爸爸很喜歡全家人在一起的感覺，他是非常重視家庭觀念的人，但是他的工作真的很忙，那他有一個好處，就是不會把公事帶回家。有一位學校配給爸爸的司機跟我講過，他說我爸很厲害、很會利用時間，像學校有很多公文要批，當出差時車子開在高速公路上，爸爸就會在車上邊聽交響樂邊批公文，他下決定批示的速度也很快。應該就是這樣，他才有辦法不用把公事帶回家。

我從旁邊觀察，爸爸跟著李國鼎部長和韓偉伯伯工作的時候看起來很開心。李部長一直都是爸爸非常崇拜的長輩，他完全相信我爸有能力，也珍惜和知道如何運用他的專長；韓伯伯則是很了解我爸的優點，才把他從國外請回來，他們兩人也有很多理念相同。只是爸爸有時候嘴巴比較直，尤其在東方社會很容易得罪人，在官場方面就很吃虧，其實他的心是很柔軟的。他很有主見，有很多很好的 idea（想法主意），就是他的表達方式比較容易惹麻煩。

他到東海當校長的時候，有很多前人留下來的、制度性的問題，跟他的原則有所抵觸又不容易解決。東海對他來說是有感情

阮大年與阮文蕙於家中合影,攝於 1980 年。(圖片來源:阮大年)

長女阮文蕙訂婚全家合影,攝於 1989 年。(圖片來源:阮大年)

的，既是我爸媽的母校，他們又是在東海認識，沒想到回東海當校長最後卻讓他很受傷。就算面對校務爭議或者有人誣陷他，我從來沒看過爸爸把外面的事情帶回家，或者看起來很低落、很難過，這應該完全就是信仰在支撐和幫助他。不過我妹妹生病，對爸爸來說才是真正最大的打擊，幸好還是依靠信仰，讓他和我們家可以度過這些關卡。

好奇愛冒險的靈魂

現在我爸已經 80 多歲了，但個性還是很急，什麼事都很愛嘗試，從來不覺得他這年紀，就一定不能做什麼事情，非常不服輸。他 70 幾歲時到溫哥華來看我，還跟我兒子打籃球，為了投籃還摔了一跤，那時候我真的很緊張。我兒子和我爸很親，高中的時候整天跟我爸用 LINE 聊 NBA 球賽和喜歡的球星，現在上班比較忙，偶爾還是會跟外公講籃球的事情。以前爸爸和我大妹還是家裡的電玩高手，現在的電玩速度太快了，所以他這幾年都是用電腦玩拼圖或撲克牌比較多。

因為個性要強，每次他們出去旅行，爸爸他都走得比別人快，永遠都走在最前面，有時候又會自己脫隊亂跑。他在臺中商專的時候，有一年去上海學術交流，對方派了車子接送臺灣來的賓客。後來車子剛好停在我爸小時候住的區域，他想去看看以前住的地方和學校，順便去買小時候最愛吃的生煎包，丟一句話給

同事就離開了。結果當時同事在聊天根本沒聽到他說話，後來才發現校長不見了，公安還以為我爸溜走了，大家開著車到處找他，幸好最後順利會合了。

爸爸他也很有冒險精神，到泰國就去玩拖曳傘，去遊樂園又要玩雲霄飛車。他快 70 歲的時候有一次去韓國，連遊樂園的主管都出來勸他不要坐雲霄飛車，最後他跟對方說「責任自負」才順利上車，下來以後現場韓國人還鼓掌歡迎這位最年長的挑戰者。另外一次是我兒子一定要坐雲霄飛車，我爸為了保護他，就抱著我兒子兩人一起坐，下來之後我爸兩隻手臂撞得都是瘀青，過程肯定也不大舒服，從此他就不坐雲霄飛車了。

最後講一件爸爸的糗事：他在東海當校長時有一次搭火車，突然發現座椅夾縫中怎麼有用「紅色網子包著的白色糖果」？他覺得很好奇就伸手去抓，原來是後座一個日本男人穿著紅色網狀襪子，「白色糖果」是對方的腳趾頭，還好沒把人家的襪子硬扯下來。

我弟弟妹妹大概不敢像我這樣，說那麼多關於爸爸的「壞話」，畢竟只有雙子座最了解雙子座。講話的時候我雖然常常「嗆」我爸，但我也是真的很愛他。

週末的聖誕老公公

次女 阮文芯

阮大年夫婦與大女兒文蕙（右二）、二女
兒文芯（中）、三女兒文菱合影，約攝於
1976 年任職中原期間。（圖片來源：阮大年）

　　從我有記憶以來，爸爸幾乎不是每天早出晚歸，就是平日長
居外縣市的「假日老爸」。但也許是因為公事繁忙，平時沒空陪
我們，到了假日，老爸就像是週末會出現的「聖誕老公公」，每
次回家都是糖果、餅乾、禮物，最受我們小孩們歡迎。

　　雖然爸爸工作繁重，我們兄弟姐妹卻是在充滿愛的家庭中長
大，除了有段時間和外公外婆一起住而受到完善的照顧，爸媽也
給了我們無匱乏的物質生活，對我們更是用民主的教育方式，讓
我們從小到大都在愛的包圍下長大。

比小孩更像小孩

雖然爸爸在教育界這麼有成就，但在對兒女教育方面，算是完全的「信任」制度，使得我們幾個小孩，雖然在臺灣教育巨大的壓力下，在家的時光還能無憂無慮、開開心心地度過，導致我們課業成績平庸，沒能帶給他們當資優生父母的優越感，實屬小小遺憾。

但是父母他們的教導，確實讓我們感受到，「功課和成就」並不是人生的全部，「信仰與愛」才是彼此間最重要的聯繫。我們家一直到現在，每個成員間的關係還很緊密，這也是爸媽帶給我們的觀念與影響。

阮大年私下像個永遠的大孩子，1998 年攝於美國。（圖片來源：阮大年）

小時候總覺得爸爸比我們還幼稚、還要像小朋友，總是跟我們一起吃巧克力、喝可樂，電動也是搶著玩。每次出國出差，皮箱回來總是裝滿玩具跟零食，從來沒有問我功課寫了沒，只會趕快跟我們一起拚電動！

　　無聊的時候，爸爸也常常惡作劇嚇我們。有次他一個人在房間突然大叫，我們所有人都嚇一跳，跑過去房間卻發現他人不見了，只看見窗邊的拖鞋。大家看到了，也就不緊張了，心理都有底是老爸在惡作劇，就都假裝不在意走掉。結果老爸在衣櫃裡面等了十幾分鐘，覺得無趣了才跑出來，還唸我們說：「怎麼都沒人擔心我跳樓了？」

阮大年（左起）與二女阮文芯、長女阮文蕙、獨子阮慕光、三女阮文薆美國邁阿密合影，約攝於 1993 年。（圖片來源：阮大年）

200 分的好爸爸

我唸國中的時候，爸爸是教育部次長，當時國中生髮禁還很嚴格，規定女生要剪髮到耳下。老爸經歷了姊姊當時「西瓜皮容貌焦慮」的年代，就在我上國中時，推行了解除髮禁政策，強調重要的是腦袋裡的東西而不是外在，希望讓我在國、高中後能夠不再有醜醜的照片。

爸爸一直都在外縣市上班，對媽媽來說，他也許不是 100 分老公，但對小孩來說，他卻是「200 分的爸爸」，他對我們的愛從不吝嗇，總是會把最好吃、好玩的留給我們。即使在外面工作壓力再大，他回到家總是玩笑不斷，就算每天被我們罵他「無聊」，他一樣笑得很開心。我相信他真的是數一數二，愛家又愛孩子的爸爸了！

我相信自己是上帝最眷顧的孩子，給了這麼愛我的爸媽，讓我能在「過度保護」中長大。現在即使我也年過半百，我的家人和兒女還是常常回到爸媽的羽翼下遮風擋雨。

老爸雖然個性很急，又常常嘴壞（嘴快），偶爾又和家人吵吵嘴、鬧鬧脾氣，但他總是三分鐘就會忘記。想想，這不就是一家人應該有的樣子嗎？吵吵鬧鬧又不時歡歡騰騰，關係才會愈來愈緊密，不是嗎？這就是我最愛的家！

亦父亦友

子 阮慕光

阮大年與獨子阮慕光合影，
約攝於 1988 年。（圖片來源：
阮大年）

爸跟我說過幾句話，經過那麼多年我都還記得。

——如果要跟一個人結婚，能長久不是靠愛情，而是你們能
當好朋友，友情持久得多。

——我只希望你以後能有一份快樂而有意義的工作就太好
了。

——男人嘴巴就是會亂講話，我就是這樣，偏偏大家都在意
那些我根本不在意的，如果能管住你的嘴巴，也許會簡
單很多。

——人善良很好但要跟聖經上說的一樣，馴良如鴿子、靈巧
如蛇。

—— 你目前做的最棒的事情是考了好大學和娶了好老婆（當時剛結完婚）。

有幾個場景，大概一輩子也不會忘。

—— 跟爸獨自去洛磯山脈看的雪景。

—— 小時候和爸去吃東豐街鼎泰豐的小籠包，那時候的湯包是放在一碗湯裡，泡著超小顆小籠包。

—— 有一次爸要去開會，要我幫他準備一套西裝、領帶和皮帶在房間，他從外回家馬上換上就得走、不得有誤，結果我還是忘了放領帶。

—— 聯考成績單寄到家裡，叫他等我開但他還是會先偷開，然後考得比他想像好，表現得比我還高興。

—— 跑到我上班的地方說我給我兒子送個蛋糕，我是他爸阮大年。

通常父親和兒子的關係都是蠻尷尬的，人們常說什麼小時候的崇拜、青少年的叛逆、到成年後的了解。但我和我爸相處稍微不太一樣，大概我沒那麼叛逆而我爸也沒那麼嚴肅，他比我還愛玩愛吃、常常笑我不吃冰淇淋，而我總是吃一樣的東西。

我是老么兼獨子，上面有三個姊姊，所以管教大多來自母姊，而爸和我比較像是在一堆女人社區互相體諒的「鄰居」。現

在我自己也是爸爸，就知道跟兒子當朋友其實只是說得簡單，更重要的是日常一些零碎的記憶。希望以後兒子記得的我，和我對我爸的記憶，都能一樣美好。

阮大年家族北海道旅遊，攝於 2013 年。（圖片來源：阮大年）

Story about 公公

阮大年與長外孫劉增晧 Joseph 和外孫女劉增恩 Michelle 留影。（圖片來源：阮大年）

長外孫 劉增晧 Joseph

When I was a child, I always looked forward to spending my summer vacations in Taiwan. When I was in Taiwan during the week, I remember having to make the daily decision between going to 亞商（按：阮大年夫人王少帆之家族企業）for the day, or staying home with my grandpa. Many times, I would choose to stay at home with my grandpa.

Usually, we would start the day with a nice breakfast at

Starbucks or Swenson's, and then walk over to the movie theatre to watch a movie. We watched many different types of movies, which ranged from action movies like 'Salt', scary thrillers like 'I am Legend', and oddly, even some romantic movies which included 'The Lake House'. I don't remember who chose that one…

Those memories will always be core memories that I will always cherish. In addition, beyond being my grandpa, I also consider him to be a fun and close friend. My grandpa has a youthful personality and we share many of the same hobbies, including NBA basketball which we talk about over LINE. I am always happy when I get to spend quality time with my grandpa!

阮大年與長外孫劉增晧合影，約攝於 1997 年。（圖片來源：阮大年）

阮大年與長外孫劉增晧於 UBC 大學畢業典禮合影，攝於 2017 年。（圖片來源：阮大年）

外孫女　劉增恩 Michelle

Back when I was around 15 years old, I wrote a poem about a doormat for a school assignment.

It holds the soft, unscarred paws of the new family puppy

Muddy tracks imprinted, washed off, and replaced the next day

It holds glittery rainboots, soccer cleats and the other squeaky shoes you'd find at a Payless

Receiving stomps, steps, slides and the occasional slushy hop after a particularly rainy day

It holds and holds and holds

Sometimes getting heavy with the weight of it all

Even after the children haven't stepped on the mat in almost a year

Cleats long given away

And even after that family puppy retires to the frayed rug near the fireplace

Fur speckled a soft brownish-grey

It still holds on

Greeting you the same way as it always has, and always will

Welcome Home.

I didn't think much of it, but I still showed it to my mom, who gave it to my grandpa to see. After reading it, he asked if he could buy it. I was so surprised and touched since never had my writing be valued like that before, and he made me feel like I could accomplish something with it. He gave me so much encouragement to pursue writing as a career, even though I didn't even take myself as a writer seriously before - and now I write for a living!

阮大年外孫女自製家族通訊軟體貼圖。（圖片來源：阮大年）

附錄

阮大年 年表

時間	事件
1937 年 5 月	25 日出生於上海，申請來臺時改為 1940 年出生。
1952 年 5 月	與母親、四姐、妹妹至澳門，後轉往香港與父親大姐相聚。
1952 年 6 月	26 日於香港搭乘怡和輪前往臺灣。
1953 年 2 月	就讀成功中學初中部三年級春季班。
1954 年 1 月	初中畢業。
1954 年 2 月	就讀臺灣師大附中高中部春季班。
1957 年 1 月	高中畢業。
1957 年 9 月	就讀東海大學化學工程學系。
1961 年 6 月	大學畢業。
1962 年 7 月	前往美國 Austin College 就學。
1964 年 6 月	19 日與夫人王少帆於美國完婚。
1964 年 7 月	取得北德州大學化學碩士學位。
1970 年 9 月	取得南加大材料科學博士學位。
1971 年 7 月	返臺任教於私立中原理工學院化工系。
1972 年 7 月	擔任中原化工系系主任兼任訓導主任。
1975 年 7 月	擔任中原理工學院院長。

時間	事件
1972 年 7 月	擔任中原化工系系主任兼任訓導主任。
1975 年 7 月	擔任中原理工學院院長。
1980 年 8 月	中原理工學院改制中原大學，擔任首任校長。
1982 年 7 月	卸任中原大學校長。
1983 年 1 月	1 日眞除行政院科技顧問組執行秘書。
1983 年 5 月	2 日三臺聯播節目「柯先生與紀小姐」首播。
1984 年 6 月	11 日宣誓就任教育部政務次長。
1987 年 5 月	10 日就任國立交通大學復校後第二任校長。
1990 年 5 月	連任國立交通大學校長。
1990 年 12 月	擔任中華民國科技管理學會創會理事長。
1992 年 7 月	卸任國立交通大學校長。
1992 年 7 月	11 日改任東海大學第五任校長。
1995 年 7 月	31 日卸任東海大學校長。
1996 年 12 月	17 日教育部發布人事令，接任國立臺中商專校長。
1999 年 5 月	13 日獲頒行政院連續服務二十年二等服務獎章。
1999 年 7 月	1 日國立臺中商專升格「國立臺中技術學院」。
2001 年 12 月	獲頒木鐸獎。
2007 年 6 月	卸任臺中技術學院校長。

歷史與傳記系列

順天樂命 ——
阮大年口述歷史

策　　劃：國立陽明交通大學圖書館
館　　長：黃明居
口　　述：阮大年
採訪編撰：朱富國
責任編輯：陳幼娟
封面設計：兒日設計
美術編輯：黃春香

出 版 者：國立陽明交通大學出版社
發 行 人：林奇宏
社　　長：黃明居
執行主編：程惠芳
地　　址：新竹市大學路 1001 號
讀者服務：03-5712121 分機 50503 週一至週五上午 8:30 至下午 5:00
傳　　眞：03-5731764
網　　址：https://press.nycu.edu.tw
e - m a i l ： press@nycu.edu.tw
製版印刷：中茂分色製版印刷（股）公司
初版日期：2023 年 12 月
定　　價：350 元
I S B N ：978-986-5470-82-1
G P N ：1011201462

國家圖書館出版品預行編目 (CIP)

順天樂命：阮大年口述歷史 / 阮大年口述；朱富國採訪編撰.
-- 初版. -- 新竹市：國立陽明交通大學出版社, 2023.12
　　面；　公分. -- (歷史與傳記系列)
ISBN 978-986-5470-82-1(平裝)

1.CST: 阮大年 2.CST: 校長 3.CST: 傳記

783.3886　　　　　　　　　　112018144

展售門市查詢：

　陽明交通大學出版社 http://press.nycu.edu.tw

　三民書局（臺北市重慶南路一段 61 號）
　網址：http://www.sanmin.com.tw　　　電話：02-23617511

或洽政府出版品集中展售門市：

　國家書店（臺北市松江路 209 號 1 樓）
　網址：http://www.govbooks.com.tw　　電話：02-25180207

　五南文化廣場臺中總店（臺中市臺灣大道二段 85 號）
　網址：http://www.wunanbooks.com.tw　電話：04-22260330